Para verte mejor

Para verte mejor

Ensayos sobre fotografía, mentira y subdesarrollo

1966-2016

Edmundo Desnoes

Edición
Alejandro Luque

editorial
UNIVERSIDAD
DE ALMERÍA

Para verte mejor.
Ensayos sobre fotografía, mentira y subdesarrollo (1966-2016)

Colección: Mil palabras, 2
Directores de la colección:
  Miguel Gallego Roca
  Juan María Rodríguez Caparrós

© de la edición: Editorial Universidad de Almería, 2025
© del texto: Herederos de Edmundo Desnoes
© de las traducciones: Alejandro Luque

ISBN: 978-84-1351-382-9
Depósito legal: AL 6392-2025
Diseño de colección y maquetación: Jesús C. Cassinello
Imprime: Escobar ımpresores, S.L. – El Ejido (Almería)

Colabora:

CENTRO ANDALUZ DE LA FOTOGRAFÍA

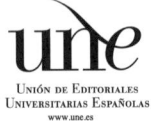

UNIÓN DE EDITORIALES
UNIVERSITARIAS ESPAÑOLAS
www.une.es

*Esta editorial es miembro de la UNE, lo que
garantiza la difusión y comercialización de sus
publicaciones a nivel nacional e internacional*

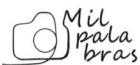

Contenido

Imágenes entre la basura

Alejandro Luque

No hay constancia de que Edmundo Desnoes, en sus 93 años de vida, hubiera tomado jamás una fotografía. Nunca le interesó especialmente la óptica ni la mecánica de las cámaras, y mucho menos los teléfonos celulares: envejeció y murió sin haber tenido un terminal propio. El objeto de su atención fue siempre la imagen en sí, su poder comunicador y su capacidad para leer la realidad y generar nuevas realidades.

En sus primeras aproximaciones a la fotografía, la mirada de Desnoes ya ha sido educada durante años por la pintura, gracias en parte a la temprana tutela de Wifredo Lam, vecino suyo en el barrio habanero de Marianao, así como por el cine, el pasatiempo más popular en la Cuba de sus años mozos. No obstante, nuestro hombre crece en un mundo en el que las artes fotográficas van adquiriendo un auge cada vez mayor, en parte por su relevancia durante la Segunda Guerra Mundial, pero también por el desarrollo técnico de las cámaras y las películas.

Desde muy joven, Desnoes va a estar muy unido a amigos que, andando el tiempo, demostrarán unas cualidades fuera de lo común para este arte. El primero de ellos fue Herman Puig, entonces más interesado en el cine que en la imagen estática (en 1952 se basó en un relato del propio Desnoes para realizar su primer corto, *Sarna*, irremediablemente perdido como tantas cintas cubanas), si bien con el tiempo destacaría como uno de los pioneros contemporáneos del desnudo masculino.

Cuando se marcha a Nueva York para probar fortuna como periodista, el mejor aliado de Desnoes es Jessie Fernández, quien había abandonado tempranamente Cuba para instalarse como fotorreportero en la ciudad de los rascacielos. Con él, compañero de fatigas en la revista *Visión* e igualmente enamorado de la pintura, visitaron a grandes artistas en sus estudios de Manhattan: Desnoes regresó a la isla en 1960, con el triunfo de la Revolución, mientras que Fernández siguió frecuentando a aquellos grandes maestros, entre otras muchas líneas de trabajo, hasta hacerse con un archivo portentoso. De fotografía también sabía, y mucho, Néstor Almendros, amigo y a la sazón cuñado de Desnoes, el mismo que orientó su magia hacia el cine, fue cuatro veces nominado al Óscar y acabó conquistando la preciada estatuilla por su trabajo en *Days of Heaven*.

El asalto al poder de Fidel Castro y los barbudos de Sierra Maestra fue un acontecimiento que atrajo a Cuba a personas de todo el mundo, entre ellos incontables fotógrafos. Uno de los más capaces fue Lee Lockwood, quien llegó a entrevistar extensamente al comandante, entre otros muchos personajes de aquel momento de efervescencia en la mayor de las Antillas. Desnoes fue uno de esos modelos, al que el reportero retrató en traje de baño, a la orilla de una piscina, luciendo la belleza y la complexión atlética propia de sus treinta y pocos años. En sus últimos años, el escritor conservaba en su despacho una foto de su amigo Lockwood, en la que se veía un enorme cartel callejero con la efigie de Fidel sostenido por hombres negros. Le divertía no poder determinar si, atendiendo a su posición, aquellos hombres sostenían el cartel o estaban siendo aplastados por él. Para Desnoes, una imagen nunca tenía una sola lectura.

Otros profesionales que fueron magnetizados por la Revolución, y que acabaron teniendo una relación fraternal con Desnoes, fueron el italiano Paolo Gasparini y el suizo Luc Chessex. Al primero le dedica en 1965 el artículo *Las mentiras de Gasparini,* publicado en el número 32 de la revista Casa de las Américas, mientras que al año siguiente Chessex expone en La Habana junto a dos compañeros cubanos: Mario García Joya, conocido como Mayito, y Raúl Martínez, también reconocido como artista plástico. La muestra, titulada *¿Foto-mentira!,* cuenta con un texto del propio Desnoes en el que viene a arremeter contra «el falso mito de la fotografía como espejo, como reflejo mecánico de la realidad. Todo eso es filfa, una mistificación: la fotografía es una mentira —el fotógrafo escoge la situación, el ángulo, la luz, la imagen misma— interpreta la realidad igual que un escritor o un pintor».

En un texto decisivo de ese mismo 1966, *La imagen fotográfica del subdesarrollo,* va aún más lejos: «No hay fraude más persuasivo que la fotografía. Las imágenes no son más que la expresión del hombre invisible que trabaja detrás de la cámara. No son la realidad, forman parte del lenguaje de la cultura. El periodista o el artista selecciona, escoge ángulos, el momento preciso, la luz, la imagen misma. Cualquier realidad puede observarse a través de centenares de ojos fotográficos». A partir de esta premisa, Desnoes analiza las distorsiones de esa realidad operadas por la fotografía al servicio de la publicidad consumista y la propaganda ideológica, para explicar de qué modo esta disciplina ha conformado toda una forma de ver, entender y comunicarse con el Tercer Mundo.

En su aclamada novela *Memorias del subdesarrollo* (1965), llevada al cine de forma magistral por Tomás Gutiérrez Alea, se narra una visita del protagonista y su novieta, Elena, a la casa de Hemingway en Finca Vigía. Uno de los toscos y malolientes turistas rusos con quienes se encuentran quiere retratar a la chica: «Movía las manos hacia Elena insistentemente, como deteniendo algo, pidiéndole la misma inmovilidad de los trofeos de caza colgados por las paredes de la sala (…) Para ellos, Elena era *a beautiful Cuban señorita*». Una vez más, Desnoes va a recordar que las fotografías no solo se toman con una lente y un obturador, sino con una actitud. La mirada que proyectamos desde detrás de la cámara nos define tanto como al objeto de nuestro disparo, establece una relación —puede que incluso una jerarquía— entre ambos.

Volviendo a aquellos textos, no solo sorprende la claridad de ideas del cubano, sino la anticipación respecto a los grandes ensayistas sobre la materia del mundo anglosajón, desde el John Berger de *Modos de ver* (1972) a la Susan Sontag de *Sobre la fotografía* (1977), entre otros. Claro que la ensayística no es una carrera de velocidad, pero si lo fuera, en este caso sería una carrera desigual: el sin duda merecido reconocimiento de estos últimos autores frente al olvido o el ninguneo de Desnoes solo se explica desde una visión anglocéntrica de la cultura, donde no parece haber sitio para una mirada procedente de una subdesarrollada isla del Caribe.

La originalidad y profundidad del pensamiento de Desnoes no pasaron desapercibidos, desde luego, para Susan Meiselas, entonces una joven fotógrafa de veintipocos años atraída por las revoluciones latinoamericanas, que un buen día localizó al autor de *La imagen fotográfica del subdesarrollo,* buscó su casa habanera y llamó a su puerta para inaugurar una amistad profunda y duradera, que se prolongaría en Nueva York cuando Desnoes optara por la senda del exilio.

La condensación definitiva de las ideas de Desnoes sobre la imagen fotográfica llegaría algo más tarde, en 1972, de la mano de su amigo Gasparini y el diseñador Umberto Peña en *Para verte mejor, América Latina,* considerado el primer fotolibro del mundo hispano e impregnado de un fuerte aliento ideológico, propio de la militancia socialista que todavía ostentaban sus creadores.

El volumen que el lector tiene en sus manos, y que el propio autor bautizó en vida como *Para verte mejor* —guiñando al título de su libro con Gasparini y evocando una vez más la dialéctica de Caperucita y el lobo—, quiere reunir los textos breves que Edmundo Desnoes dedicó a la fotografía, empezando por los escritos en pleno fervor revolucionario y siguiendo por los firmados desde su exilio neoyorkino, como los dedicados a Paul Strand o Walker Evans. No obstante, cabe destacar que, escribiendo o no sobre esta disciplina, Desnoes se mantuvo siempre en la permanente reflexión en torno a la imagen, ya fuera firmando artículos a cuatro manos junto a su amigo, el semiólogo Marshall Blonsky, o, ya bien entrados los 2000, a través de una esporádica colaboración con un joven fotógrafo británico como James Clifford Kent.

El siglo xx fue el siglo de muchas cosas, entre ellas de la fotografía. Fotos en los carteles políticos y en los anuncios comerciales, fotos en la prensa diaria y las revistas de moda, fotos en álbumes familiares y en billeteras, fotos en camisetas, en adhesivos, en llaveros, fotos en pantallas… Todas reclamando un instante de atención, que nuestra mirada se pose sobre ellas.

La mirada de Desnoes nunca se detenía. Una vez instalado definitivamente en la ciudad de los rascacielos, descubrió admirado que los habitantes del Primer Mundo se desprendían de muchas cosas valiosas. A pesar de disponer de buenos ingresos, el escritor se aficionó a curiosear en los montones de basura depositados en las aceras del Upper West de Manhattan, pescando entre ellos libros, objetos y sobre todo revistas. Con éstas —llegó a acumular kilos y kilos de imágenes recortadas— se aficionó en sus últimos años de vida a hacer collages, como una síntesis perfecta entre dos de sus pasiones mayores, la plástica y la fotografía. Asimismo, junto a su compañera, la escritora, periodista y fotógrafa de la revista *Life* en español Felicia Rosshandler, llevó a cabo un originalísimo proyecto en torno a la muñeca Barbie de Mattel. Desnoes concebía la idea y Felicia la materializaba, y el resultado era una reflexión sobre la fuerza iconográfica de ciertos objetos que llegó incluso a plasmarse en una exposición, titulada *The Venus of America*, e inspiró una de las tramas de su novela *Memorias del desarrollo*.

Pero aquellos ojos azules y algo saltones que el mismo definió, atribuidos a un alter ego literario, como «ojos de Bette Davis», nunca se conformaron con mirar. Querían que los demás también vieran. O que vieran mejor, de la misma manera que en sus escritos sobre pintura insistía en la necesidad de educar la mirada, de entender las reglas del juego de los códigos artísticos para combatir el «analfabetismo visual», un reto que va mucho más allá de la mera posesión del sentido de la vista. Ojalá las páginas que siguen contribuyan a tan encomiable propósito en este tiempo de saturación, desorden y velocidad, esos viejos enemigos del diálogo y de la razón.

Sancti Petri, 6 de enero de 2025

Para verte mejor

La imagen fotográfica del subdesarrollo[1]

Nuestra cabeza está llena de montañas, ciudades, caras, situaciones y objetos. Conservamos en el recuerdo miles de imágenes nítidas que jamás hemos visto personalmente. Y, sin embargo, las conocemos.

Oímos hablar de nuestros bisabuelos bigotudos; de Baudelaire y de Sara Bernhardt; de los soldados de la primera guerra mundial en sus trincheras; del Kremlin con sus cebollas doradas y de los rascacielos de Nueva York; de Martí todo vestido de negro, ante un fondo de lianas y rocas, y de Gandhi flaco y semidesnudo; de las selvas africanas; de los cráteres de la luna, de Hiroshima destruida por una explosión nuclear; del asesinato de Kennedy; de los jardines japoneses; de Lenin y Mao Tse-Tung; de los microbios en una gota de agua y de la espiral de una galaxia inmediatamente nos salta en la cabeza una correspondiente imagen visual, y es casi seguro que sea una imagen fotográfica. El recuerdo de una foto vista en un libro, una revista o un periódico.

La fotografía ha creado y aumentado nuestra realidad, forma parte inseparable de lo que conocemos del mundo.

1 Revista *Casa de las Américas* n° 34, Año VI, La Habana, enero-febrero 1966, pp. 62-80.

Pero la realidad y la fotografía no son lo mismo. Realismo fotográfico, en la crítica de arte, se ha convertido en un término peyorativo, como si una foto no fuera más que una tajada cruda de la realidad. Esto es frecuente hasta en la Unión Soviética, donde la palabra realismo goza de un prestigio casi mágico, es una contraseña: «No puedo comprender la pintura abstracta» —afirma el pintor soviético Pavel Korin—. «Estoy en contra del realismo fotográfico, pero soy un realista romántico». Hasta los que defienden el realismo contra viento y marea rechazan la fotografía por considerarla impersonal y fría. La fotografía, sin embargo, ha engañado a todo el mundo. No hay fraude más persuasivo que la fotografía. Las imágenes no son más que la expresión del hombre invisible que trabaja detrás de la cámara. No son la realidad, forman parte del lenguaje de la cultura. El periodista o el artista selecciona, escoge ángulos, el momento preciso, la luz, la imagen misma. Cualquier realidad puede observarse a través de centenares de ojos fotográficos.

La fotografía no es la verdad objetiva. Puede ser un fenómeno tan abstracto como la pintura de Jackson Pollock. Hay ángulos de situaciones, interpretaciones visuales —fotos electrónicas de las estrellas o del núcleo de un átomo— que sólo reconocería un especialista sin un pie de grabado. La fotografía forma parte, tanto como la pintura, de la realidad cultural del hombre.

Hace algunos años un misionero católico tuvo una ocurrencia genial: lanzar paquetes providenciales sobre una zona de la selva venezolana habitada por los indios Sirishana. Junto con los alimentos y las chucherías —ahí radicaba la originalidad de su empresa— descendieron numerosas fotografías donde el santo padre aparecía jovial y sonriente. Tenía la intención de lanzarse, una vez familiarizados los indios con su estampa, en paracaídas del cielo.

Creyó en el reconocimiento de los indios, seguro de que abajo lo asociarían con la prosperidad de los alimentos y con la magia de las chucherías. La fecha escogida le pareció propicia: el 6 de enero. Cayó entre hombres que ya consideraba catequizados, y no pasó mucho tiempo antes de que los inocentes sirishanas se lo merendaran. Los indios, efectivamente, recogieron las fotos y las miraron con verdadera concentración, pero no vieron nada. Las luces y las sombras del retrato se presentaban ante sus ojos como un caos; no identificaban, no sabían ver y reconocer una simple fotografía. Este relato, apócrifo o auténtico, es cierto. La fotografía no es la experiencia directa, es una vivencia cultural, parte de un contexto.

Nuestra época es física y visual. Los objetos son preponderantes en el siglo XX: mercancías de todos colores y formas, cine, revistas. Y la fotografía metida en casi todo.

La crítica de fotografía, sin embargo, es pobre de ideas o rica en detalles técnicos sobre el último modelo de cámara, un fotómetro especial o una suave brocha para desempolvar el lente. Está dirigida principalmente a los aficionados y estimulada por los fabricantes que sólo desean vender su equipo. Pero la fotografía como expresión del hombre contemporáneo carece de una crítica inteligente y sistemática. Nunca analizamos sus imágenes, miramos mecánicamente, incorporamos el contenido inconscientemente. La fotografía se acepta como el diseño de una tela o las piezas de una escenografía. Las fotos de prensa se funden con las noticias mundiales, el retrato familiar con la vida cotidiana y la foto de una revista con una taza de café. A veces es difícil separar lo visto en una fotografía de la experiencia concreta de personas y cosas.

Es realmente fascinante ir desbrozando el camino, tratando de analizar conscientemente toda la trabazón de la fotografía con la realidad de nuestra experiencia. Es una operación delicada. La fotografía está estrechamente ligada lo mismo a los intereses económicos y políticos que a los sueños y al arte. La imagen fotográfica del subdesarrollo, por ejemplo, incide constantemente sobre nuestra experiencia y es un ingrediente decisivo en nuestra visión del Tercer Mundo. Vivimos en ese mundo y no sabemos bien hasta qué punto nos condiciona la mirada fotográfica del otro. Nos pensamos muchas veces a partir de fotos de prensa y propaganda y modas y de arte que pretenden expresar nuestro ambiente.

La fotografía es un ingrediente cultural mucho más influyente y penetrante de lo que una gran mayoría de personas es capaz de discernir.

Publicidad y modas

Mi primer contacto con la fotografía terminó en una desilusión. Hace quince años un viejo pueblo colonial, Trinidad, prendió en mi imaginación adolescente a través de un libro de fotos: *Trinidad de Cuba*, de Esteban A. de Varona. Las plácidas imágenes de sólidas casas coloniales, el lechero atravesando las calles empedradas en un burro, los parabanes blancos y el mediopunto de colores, montañas vistas a través del diseño de un viejo balcón de rejas negras y los umbrosos patios interiores crearon en mi mente la imagen de un paraíso colonial y romántico. Hoy creo (entonces ni siquiera lo sospeché) que lo que realmente me agarró fue la unidad cerrada de la visión. Cada foto contribuía a un sentimiento general, a un aura; Trinidad aparecía como un pueblo gastado, pero sin impurezas. Había muchos edificios coloniales aquí y allá en La Habana, pero el estridente ritmo moderno de la ciudad se lo tragaba todo; el comercio, las guaguas y la politiquería borraban sus fachadas.

Entonces visité Trinidad personalmente. La llegada bastó para reventar el sueño: entramos al pueblo por calles empedradas pero en un auto del 51. El contraste rasgó la visión romántica de las fotos, el auto y las guaguas y los otros vehículos que se movían por la ciudad nada tenían que ver con las fotos de Trinidad. En el libro sólo se veían burros, caballos y carretones por las calles. Para ver las montañas a través de las rejas del balcón —como en las fotos— había que sentarse en el suelo o ser un enano. Más tarde oí cómo los trinitarios protestaban de las enormes y redondas chinas pelonas del empedrado que destruían sus zapatos y los muelles y las gomas de todos los vehículos. Las fotos de Trinidad que yo había visto eran mentiras, la visión de un fotógrafo. Casi un sueño. Fue una desilusión provechosa: desde ese momento la fotografía entró para mí en el mundo de la cultura como lenguaje de interpretación, control y expresión del hombre.

Ocho años más tarde la revista *Life* nos tendió la misma celada. Esta vez en colores y con la delgada belleza y la presencia exótica de un grupo de modelos profesionales. Desfilaban fotografiadas en un estilo romántico y soñador «en medio de los colores tropicales y el esplendor histórico de Trinidad de Cuba» (5/5/58). La mentira era ya completa: las ruinas estaban habitadas por ninfas modernas. Usaban sombreros de Panamá inspirados en aquellos «usados por los hacendados cubanos»; se trepaban al campanario del monasterio de San Francisco para ver si uno venía descendiendo por las montañas en un caballo blanco, vestidas con «un abrigo de tarde de tafetán fluido» para así destacarse fácilmente desde lejos. Otras aparecían enjauladas detrás de ventanas con altas rejas intrincadas y bajo los colores brillantes del mediopunto y en la sombra de los patios con sus flores desenfocadas. Esta vez reconocí la fantasía aunque las modelos estuvieron allí de verdad; la fantasía del fotógrafo. Esta vez ni siquiera intenté visitar Trinidad para conocer a la hija de un terrateniente español con la presencia «de un grande de España». Sabía, con tristeza y pedantería, que una foto siempre está más cerca de una visión que de los hechos.

Si la fotografía es parte del mundo cultura, entonces el uso de no importa qué recursos artificiales es algo legítimo: cámara, luz, exposición, ángulo, trucos del cuarto oscuro... Las fotos de moda y publicidad son, por tanto, una utilización válida y auténtica del medio. Son esenciales a la función ilusoria del arte.

Existe muy poca diferencia entre las mentiras de una foto de prensa con Adolfo Hitler saltando ridículamente ante el Are du Triomphe de París y una portada, por ejemplo, de la revista *Vogue*. La única diferencia es que en la foto el dictador nazi parece mucho más real que la modelo detenida en un gesto excéntrico, con un enorme sombrero (aunque posiblemente ahora mismo esté mucho más viva que Hitler).

Hay infinidad de fotógrafos que rechazan y desprecian las imágenes reconstruidas. «Luz ambiente» es tanto un problema de estilo como «high key». No han comprendido que la verdad en la fotografía es una ilusión. Irving Penn y Richard Avedon —consciente o inconscientemente— recurren al estudio, la cámara y el cuarto oscuro igual que Bonnard, por ejemplo, empleaba la tela, el óleo y los pinceles en su obra. El viejo Picasso lo ha definido con precisión: «Ahora sabemos que el arte no es la verdad. El arte es una mentira que nos permite acercarnos a la verdad, o, por lo menos, a la verdad que está a nuestro alcance. El artista debe acertar con la manera de convencer al público de la total veracidad de sus mentiras».

Pocos fotógrafos viven tan dentro de este mundo como los encargados de crear una ilusión de belleza para la mujer o transformar una estúpida botella de ron en un objeto visual intensamente decorativo. Son creadores de sueños, de mentiras[2]; satisfacen y explotan el mundo de nuestras posibilidades. Sus imágenes son la proyección de concretas y profundas realidades sociales y sicológicas.

La publicidad utiliza implacablemente la fotografía para mentir y engañar. No es probable que ninguno de nosotros se vea de repente disfrutando del sol y del agua en una playa desierta, ni es tampoco probable que se ponga a beber ron Bacardí frente a una deslumbrante trigueña. Todo lo que se vende se fotografía bajo su luz más favorable. Es la materialización de un ideal deseado, pero inalcanzable. Una foto publicitaria puede convertirse en un símbolo, tan mítica e intoxicante como las imágenes religiosas de Fray Angélico. El ángel alado de *La Anunciación* es tan evocador como la imagen de Suzy Parker anunciando pintura de labios color *Persian Melon*. (Algún día Suzy Parker será tan importante, como modelo de algunas obras maestras de la publicidad, como Simonetta Vespucci lo es para los cuadros renacentistas de Botticelli y Piero di Cosimo). Las imágenes de la publicidad capitalista son símbolos de nuestra civilización industrial, donde el derecho a consumir está más arraigado que la libertad de culto, por ejemplo, o hasta que la de expresión. Todos los hombres reclaman hoy el derecho a consumir. Las fotos de los anuncios crean —con luz, sonrisas, juventud, exotismo, figuras nítidas o borrosas, color— una realidad ideal.

---

2 «El conocimiento humano, por su propia naturaleza, es conocimiento simbólico. Esta característica determina tanto su fuerza como sus limitaciones. Y para el pensamiento simbólico es indispensable hacer una clara distinción entre lo real y lo posible, entre los hechos y los ideales. Un símbolo no tiene una existencia real como parte del mundo físico: tiene un sentido». (Ernest Cassirer, *An Essay on Man*, Yale University Press, 1944)

Todo está subordinado al derecho de consumir (producción) y disfrutar (ganancia). Las leyes y las instituciones capitalistas favorecen la producción actual y buscan el consumo potencial. Y el Tercer Mundo es un mundo para ser usado; un placer a su alcance, un producto. En los anuncios, es un fondo exótico con playas desiertas, costumbres típicas y nativos serviciales; allí el turista puede pasar unas vacaciones en el paraíso. Los nativos están para satisfacer sus necesidades, hasta el paisaje tiene la obligación de agradar. Recientemente vimos en una revista esta vieja dulzona y repulsiva sentada en una mecedora de bambú rodeada de tres corteses y abyectos criados. Había dos hombres vestidos de blanco, con una especie de fez y un delantal pintoresco; uno refrescaba a la harpía con un delicado abanico de paja, el otro sostenía una frágil sombrilla sobre su cabeza (tanto el abanico como la sombrilla eran objetos típicos hechos a mano). Arrodillada junto a la mecedora, una muchacha nativa está a punto de ensartar el cuello arrugado de la vieja con un collar de flores. Todo el mundo sonríe. Es un anuncio a toda página de una línea aérea. Bajo la foto se puede leer en letra minúscula: *Phtographed at the Raffles Hotel, Singapore* (*Time*, 27/11/64). El estilo de la foto está tan pasado de moda como un calendario de 1935 o las ilustraciones de tarjeta postal chata y superficial del *National Geographic Magazine*. El impacto, sin embargo, es inevitable. Las fotos en los anuncios muchas veces atrapan al ojo aunque carezcan de originalidad estética. Cuando la idea, el impacto y la imaginación creadora convergen en un anuncio, se logra la misma calidad de un buen cuadro, con la ventaja de la distribución masiva. Naturalmente, hay una fuerte dosis de alienación en el arte comercial, una dependencia dentro del círculo vicioso de los deseos y el consumo.

Otros anuncios exhiben los productos del Tercer Mundo que usted puede disfrutar. El café colombiano se anuncia utilizando a un campesino en colores, con su sombrero y su fresco traje de hilo blanco, trigueño y sonriente, junto a una carreta de grandes ruedas primitivas y un crudo saco de granos de café cuidadosamente colocado, probablemente, sobre el piso de un estudio fotográfico en Nueva York. Granos de café especialmente cosechados para el consumidor industrializado.

El subdesarrollo en la publicidad es un mundo con playas románticas esperando por el turista, con numerosos nativos a su entera disposición, granos de café o ron para su paladar y vistosas telas de Madras para vestidos y corbatas.

No obstante, el subdesarrollo está en flagrante contradicción con esta imagen: es un mundo de hambre, caos social, parásitos en los cuerpos de la gente así como en el gobierno y en la economía del país. Hay que recordar sólo esto: dos terceras partes de la población mundial pasan hambre, y esta mayoría del mundo vive en puntos del mapa como Singapur y Colombia.

Estas fotos de publicidad no expresan la realidad social, sino los ideales de una sociedad de consumidores indiferentes e implacables productores.

La fotografía de modas comparte esta suprema artificialidad con las imágenes publicitarias –aunque artísticamente son más sofisticadas. Los anuncios generalmente venden un producto bien definido y destacado. Todo es obvio; las imágenes de la moda, sin embargo, son soñadoras y misteriosas, saturadas de poses hieráticas.

Aquí también nos topamos con un ideal de belleza y placer. Las imágenes deben cambiar constantemente para poder secuestrar la atención del ojo. Un ambiente primitivo es altamente perturbador; el contraste entre la vida rústica y las modas caras y artificiales siempre atrae la mirada. Este es el caso de algunas fotos de Saul Leiter con escenografía del Tercer Mundo.

La primera que me viene a la cabeza apareció en *Harper's Bazaar* hace cerca de cinco años. La modelo de boca plena está mirando por la ventana —la tosca ventana de una choza latinoamericana. Sostiene en la mano derecha un gajo de limones, incluyendo hasta las hojas, y lleva puesto un enorme sombrero blanco, almidonado, mientras mira condescendientemente, aburrida y sensual, a una niña nativa. La niña, de largo pelo negro, toca desde afuera tiernamente con su diminuta mano el marco de la ventana. La foto es plana y sólo reconocemos la choza por la rústica ventana y una franja del techo de guano. El negro pelo de la niña contrasta con la cofia blanca y todo está unificado por una superficie cuadriculada —como si fuera una tela metálica– que produce una imagen reverberante. Aquí el subdesarrollo se utiliza para sorprender y para recalcar la elegancia exótica del tocado. La niña contemplando con admiración a la modelo en lo alto de la foto es un elemento extra de glamour, y bastante patético, por cierto.

El año pasado (1964), Leiter repitió el truco en *Harper's Bazaar*. Esta vez en un ambiente también subdesarrollado pero urbano. Dos páginas opuestas bastan para darnos una visión de México; allí usted podrá disfrutar de unas encantadoras vacaciones románticas. A la izquierda, «un prístino vestido de noche, recibe la serenata de la Orquesta Lindo en el hotel San Ángel». En la página opuesta vemos una escena callejera: ante un enorme cartel que anuncia una marca de cigarrillos, vemos a Jorge Negrete con su monumental sombrero de charro. El «vestido entallado sin esfuerzo, negro como la lava» se recuesta al cartel, imitando la boca abierta del cantante mexicano con dos niñitas nativas también tratando de imitar a Negrete. La imagen tiene cierta calidad ingenua: el gigantesco cantante, la modelo sofisticada, la vieja pared carcomida y las dos niñitas gritonas. Por accidente o a propósito, la foto está hábilmente dividida en dos por un reflejo blanco que borra parte del cartel (las palabras del anuncio, pues se trata de vender modas y no cigarrillos).

Todo lo pintoresco y exótico y bello del subdesarrollo se incorpora a la fotografía; el ambiente se utiliza para crear la ilusión de que allí el turista vivirá una apasionante aventura amorosa, tendrá la admiración de todos los nativos y —si todo lo demás falla— un paisaje excelente para recrear sus ojos y su espíritu. Las imágenes más logradas, como las de Leiter y Gordon Parks, son útiles y crudas al mismo tiempo. Esta imagen del subdesarrollo no se limita sólo a los países occidentales. Nosotros mismos somos también a veces víctimas de la forma en que los otros nos ven, y así perdemos con frecuencia nuestra perspectiva y nos falsificamos viviendo una mentira en lugar de comprender que se trata de una imagen proyectada. Nos vemos como nos ven desde los países industrializados: o como quisieran vernos. En Europa Occidental igual que en la Unión Soviética y en los demás países socialistas de Europa, también se conserva una imagen distorsionada del subdesarrollo. Aunque los países socialistas tienen conciencia de la violencia latente en países que durante siglos han sido explotados y mantenidos al margen de la historia, a veces también nos miran como criaturas primitivas en un paisaje exótico. En la portada de un libro sobre nuestra reforma agraria, publicado en la República Democrática Alemana, vemos una foto de Norka, una de las más famosas modelos cubanas, vestida de miliciana, con un rifle apuntando al cielo, y al fondo el dibujo de una suculenta y lujuriosa piña imaginaria.

La burla y el desprecio de los países capitalistas hacia el Tercer Mundo culmina en fotos como las aparecidas el año pasado en *Harper's Bazaar*: el continente africano sirve para lanzar una moda de pieles exóticas, sombreros y medias llamativas. En una foto utilizan dos caras negras, tristes en su humillación, para destacar un zapato rojo de piel, de serpiente o de cocodrilo. Estos negros solemnes tienen derecho moral a degollar a cualquier mujer blanca que lleve puestos esos zapatos.

Hay exotismo y elegancia en todas estas fotos, es cierto, pero también hay crueldad. La crueldad de utilizar a los hombres como elementos decorativos. Aquí no hay engaño, como en la máscara humanitaria de las grandes potencias colonizadoras de África; la foto expresa la verdadera relación que existe entre el victimario y la víctima: el desprecio y la explotación, por parte del colonizador, y la humillación y el odio sordo en las entrañas del colonizado. Esta foto de Gordon Parks, es más elocuente que cualquier panfleto político.

La inconciencia los lleva en algunos casos hasta extremos ridículos: la campaña de Tergal, un nuevo tejido inarrugable y duradero, produjo en *París-Match* (1965) un anuncio donde aparecen tres hombres con camisas vistosas y grandes sombreros picudos, mexicanos, y rifles en las manos: arriba, en letras rojas: *Revolución*; y abajo: *Tergal, una revolución bajo el sol*. Otra mentira perpetrada por la fotografía. Nosotros lo sabemos. Vivimos una revolución verdadera.

Prensa

La vida no copia al arte, como creía Oscar Wilde, ni tampoco lo contrario. El arte «significa», es un mundo de valores culturales interrelacionados. Por eso con tanta frecuencia nos encontramos en una situación que parece una obra de arte y ante obras de arte que parecen imitar la vida.

Estos múltiples espejos nos han confundido con frecuencia. Recientemente topamos con las imágenes artificiales de la moda por las calles de una aldea mexicana. Eran dos mitos vivientes: Brigitte Bardot y Jeanne Moreau caminando por las calles de Cocoyac rodeadas por un coro de muchachitos mirones y sonrientes. Esta foto apareció en la revista *Elle*, ilustrando un reportaje sobre Bardot-Moreau mientras filmaban Viva María en México. Algo que parece totalmente posado y artificial en *Harper's Bazaar* se convierte en un hecho callejero en Cocoyac, cerca de la hacienda destruida por Emiliano Zapata y sus hombres durante la Revolución Mexicana. Ambas mujeres son sueños encarnados: salieron caminando de una revista de modas para convertirse en noticia mundial.

Las fotos de la Revolución Mexicana crearon a principios de nuestro siglo la más poderosa imagen mundial de América latina. El campesino de un país se convirtió en símbolo de un continente al reproducirse por todo el mundo las fotos y los grabados de los humildes peones armados de México. Después de la revolución, a todo lo largo de más de cuarenta años, el sombrero de ala ancha y el vestido suelto de pantalón blanco y camisa blanca se convirtieron en la representación universal del latinoamericano, fuera cubano o brasileño, peruano o argentino. Una imagen local se generalizó.

No fue hasta la Revolución Cubana que una nueva imagen de América Latina recorrió el mundo en fotografías: la barba de Fidel Castro y de sus hombres, los barbudos revolucionarios.

Si la imagen de la Revolución Mexicana es el producto de fotos tanto como de grabados, la Revolución Cubana se ha reproducido en París, Nueva York, Pekín y Nueva Delhi casi exclusivamente a través de imágenes fotográficas.

El enorme sombrero de los zapatistas y el rebelde barbudo están firmemente revelados e impresos en la memoria del hombre contemporáneo. Son imágenes fotográficas diseminadas en libros, revistas y periódicos a través de todo el mundo.

Las fotos de prensa no son el resultado de un ojo imparcial. Es fácil descubrir la inclinación, el sesgo, la intención de cualquier foto de revista o periódico: lo mismo para provocar aversión, miedo, desprecio u odio, que para despertar nuestra simpatía, sentimientos de justicia o indignación... Basta con observar las fotos de Fidel Castro que han aparecido desde la revolución en la prensa, por ejemplo, para descubrir si una publicación está en contra o a favor de la Revolución Cubana o simplemente a la expectativa. A veces ni siquiera es necesario leer los pies de grabado. Estábamos en Nueva York en 1958-59 y, siendo cubanos, seguimos de cerca las noticias: resultaba fascinante descubrir cómo las fotos eran adjetivos que sutilmente calificaban a la revolución. Un día, la revista *Time* reprodujo una foto de Fidel recostado ante un bohío en la Sierra Maestra, aparentemente descansando. Si la memoria no me traiciona creo que inclusive le cubría la cara o llevaba sobre el pecho un sombrero o un libro. Inmediatamente se veía que la foto estaba en contra, que mostraba a Fidel como si fuera un holgazán, indiferente y somnoliento. Esto, en Estados Unidos, donde la tradición puritana exalta el trabajo como la máxima virtud, era la peor crítica que se le podía hacer a un latinoamericano. *Look* publicó a principios del 59 varios reportajes donde Fidel aparecía como un líder amistoso, simpático, humano y sonriente. Una portada de *Life*, durante la misma época, sin embargo, lo presentaba como un bárbaro desequilibrado y sin modales, un hombre que apela más al fanatismo que a la razón. Aparecía como «un conquistador mongol», así describió la imagen Herbert Matthews. Otras veces, como en la revista *Holiday*, aparecía detrás de un escritorio, en una oficina, como un abogado brillante. Y todas las fotos retrataban al mismo hombre.

En la revista *Unión Soviética* y en *Viva Cuba* (libro del viaje del líder cubano a la URSS) Fidel aparece casi siempre sonriente; abrazando, durante su visita al país, a Nikita Kruschev, o conversando amistosamente con los obreros de una fábrica o con los líderes soviéticos. También aparece como el símbolo de nuestra revolución, en gesto heroico que destaca su estatura y su patriotismo. Es una imagen paternalista y digna, captada en un estilo académico. Las imágenes de la prensa soviética están determinadas por su concepción de la sociedad y de la función del partido y de sus representantes. Fidel es un líder prestigioso del Tercer Mundo, un héroe revolucionario, un hombre querido por su pueblo y siempre afable. Y la fotografía está al servicio de esta visión, aunque su eficacia es limitada por lo convencional de la fotografía soviética, donde aún hoy muchas fotos de prensa se posan y retocan.

Algunas veces la inferencia de un pie de grabado entra evidentemente en conflicto con el sesgo que lleva la imagen. Las fotos de Fidel tomadas por Lee Lockwood durante la celebración del 26 de julio de 1964 y publicadas en *Life* tienen esta ambigüedad. El pie de grabado bajo la imagen de Fidel jugando pelota con los periodistas norteamericanos se utilizó para neutralizar el lente amistoso de Lookwood. Los redactores trataron de demostrar que si Fidel aparecía simpático y afable era sólo una pose, un gesto demagógico para ganarse a la prensa.

En París, ya que Cuba nunca formó parte del imperio colonial francés, podían observar la situación con más desapego emocional y hasta como algo romántico. Fidel en Francia es Robin Hood, la Revolución Cubana el despertar de América Latina. Pero la prensa francesa no podía menos que caer en el exotismo. *París-Match* (7/9/63) publicó un reportaje de Fidel durante una pesca submarina. Las fotos de pie mostraban a un héroe primitivo, un Ulises del Caribe; la vitalidad de los nuevos pueblos subdesarrollados. Fidel aparece sin camisa y descalzo; las fotos destacan su corpulencia y su vitalidad. La primera oración del artículo evidencia el sesgo exótico del mundo atrasado en las noticias internacionales: «Este tranquilo pescador de bacalao nadando en las aguas del Caribe —en las que casi explotó una guerra mundial— es Fidel Castro». Y pies de grabado como éste: «A bordo de su *Bravo Cuba* el jefe de Estado se convierte en un personaje de Hemingway» o «Son las cinco de la tarde y todavía no ha comido desde la noche anterior».

La imagen cubana de Fidel es múltiple y espontánea; el fotógrafo que mejor ha captado los niveles vivos de la personalidad pública y humana de Fidel, es Korda: desde el héroe de nuestra guerra de liberación, Fidel en lo alto de la Sierra Maestra, foto utilizada para un dramático cartel durante la Crisis de Octubre, «Comandante en Jefe, Ordene»; pasando por las imágenes de Fidel conversando animadamente con el pueblo en cualquier parte: una cooperativa, la calle; hasta la imagen humana de Fidel en la Unión Soviética, intentando esquiar y resbalando luego en la nieve, imagen que desmiente cualquier falso culto a la personalidad y afirma su humanidad, la natural falibilidad del hombre en materias que no tiene por qué dominar.

Ahora, esta variedad de visiones e interpretaciones de la realidad es a veces una de las limitaciones de los fotógrafos cubanos, que dejan que la situación, la imagen, se imponga sobre ellos, en lugar de imponerse con su inteligencia sobre la imagen. El nivel técnico de la fotografía cubana es muy alto en comparación con cualquier país de América Latina, basta repasar revistas como *Siempre* y *0 Cruzeiro*. Ahora, el fotógrafo cubano todavía no ha adquirido conciencia plena de que la fotografía es también una forma de expresión que debe funcionar como lenguaje.

Hasta imágenes muy específicas tienden a convertirse en símbolos; la mente las asimila como ejemplos de una realidad mucho más amplia. Los nativos sonrientes que aparecen en las fotos chatas y sin imaginación del National Geographic han pasado a ser para muchos la realidad de las sociedades aborígenes de Africa, Australia o América Latina. Son un ingrediente inconsciente cada vez que pensamos en los pueblos primitivos del mundo; nos dejan la vaga impresión de que viven en una especie de paraíso, donde todavía no han probado la fruta del bien y del mal.

El sonriente estibador que carga un pesado racimo de plátanos en América Central se convierte en la imagen de todos los estibadores y se utiliza para convencer a los incautos de que la United Fruit es lo mejor que podía haberles caído encima a estos hijos cándidos de la naturaleza.

Si *Time* publica el cuerpo decapitado de un sudvietnamita abandonado en un campo después de la batalla, no es sólo una víctima de la guerra, es prueba de la crueldad del Ejército de liberación. A veces el tiro de la imagen les sale por la culata y se convierte de un símbolo de la inhumanidad del hombre hacia el hombre, de los horrores de la guerra; está la escandalosa foto AP de un soldado regular del reaccionario ejército vietnamita deliberadamente atravesándole las entrañas con un cuchillo a un rebelde del FLN.

La fotografía, repito, es transparente. Sólo hay que saber mirar. La actitud norteamericana hacia todo Vietnam puede descubrirse, por ejemplo, en la expresión del embajador Maxwell Taylor, alto y anglosajón, mirando por encima del hombro al general Kahn como si se tratara de un sapo repulsivo (*Newsweek*, 18/1/65). Las fotos de prensa son siempre la expresión de algún juicio y este juicio puede fácilmente convertirse en la verdad para las víctimas incautas de las publicaciones de masas. Si hoy vemos la foto a todo color de dos mercenarios blancos y rubios y muertos rodeados de un grupo de congoleses rebeldes con lanzas y extraños sombreros, podríamos olvidar por un momento que el hombre blanco ha esclavizado, explotado, mutilado y despreciado a los negros durante siglos, y que aún hoy en África por cada mercenario que los rebeldes logran liquidar los mercenarios asesinan a docenas de congoleses. Pero todo esto muchos lo pueden olvidar mirando una foto a color (*Time*, 1/1/65) con el siguiente pie de grabado: «El salvaje conflicto: Los rebeldes congoleses se regocijan, en grotesco atuendo, de los mercenarios muertos».

Las fotos soviéticas de Kruschev durante su visita a India, Burma e Indonesia en 1960, por ejemplo, son también una declaración política. Pueden dividirse en tres categorías: masas, líderes políticos y desarrollo industrial. A través de un grupo de fotos chatas y estereotipadas que aparecieron en diferentes publicaciones soviéticas, se revela una actitud: Kruschev recibido por Nehru o Sukarno, Kruschev enganchado por una inocente niña «típica» con una guirnalda de flores; innumerables recepciones oficiales donde los funcionarios brindan por una amistad duradera entre ambos países; visitas a los Altos Hornos o a una granja estatal donde la agricultura se ha mecanizado; escenas de multitudes en Nueva Delhi o Jakarta victoriando al líder soviético por las calles. Los soviéticos con su tendencia a las generalizaciones acertadas pero demasiado amplias —los líderes, las masas, la producción— a menudo pasan por alto detalles, o sea, lo contrario del estilo norteamericano y occidental de presentar los detalles como si fueran el conjunto.

Las fotos de prensa también son valiosas como documentos del estilo de cualquier periodo histórico determinado, de la manera que tenía el hombre de moverse y vestirse, de verse a sí mismo y relacionarse con todo lo que ocurría a su alrededor. A veces, sin embargo, trascienden lo documental para devenir imágenes profundas, símbolos y arte. Los fotógrafos de prensa nunca cesan de apretar el obturador de sus cámaras; así, siempre tienen oportunidad en un momento o en otro de tomar una imagen profunda donde la composición y el suceso se unifiquen en una foto inolvidable. Este es el caso de la foto de prensa de Lumumba unos días antes de su asesinato. Acaban de arrestarlo y un soldado le vuelve la cabeza con fuerza hacia la cámara. Es una imagen patética que se filtra e impregna nuestra conciencia; es una humillación física que ningún jefe de Estado blanco jamás padecería. Sólo podría ocurrir en un país colonizado, donde no existe respeto para el individuo, donde las potencias occidentales han negado a los nativos su humanidad hasta el punto de que el propio subdesarrollado (en esta foto los soldados son negros africanos) duda de su igualdad a los demás hombres, los hombres blancos.

La imagen del subdesarrollo en las fotos de prensa norteamericanas es o un rico ambiente (seguro para los turistas y para las inversiones) o un caos social. Las revoluciones, la entrada de los países atrasados a la tecnología moderna, la dignidad y la historia, aparecen como todo lo contrario: como una prueba del atraso, de un mundo que grita cuando debería hablar en voz baja como los blancos, que usa balas en lugar de leyes para imponer la justicia. En la prensa soviética las fotos presentan masas, privadas durante siglos de sus derechos humanos y dispuestas a derrocar a sus gobernantes o, si esto ya se ha logrado, a punto de construir una nueva sociedad bajo la dirección de sus líderes.

Hay, sin embargo, una trampa en toda fotografía de prensa. Una presión férrea y niveladora impide el desarrollo creador de los artistas que trabajan la noticia. Un molde que nos engaña con la uniformidad. El fotógrafo de prensa se ve siempre obligado —consciente o inconscientemente— a fotografiar con un estilo mediocre, uniforme, para que los ojos del observador no descubran el secreto: la fotografía es una mentira, todo depende del enfoque, del punto de vista del hombre. El fotógrafo de prensa se ve obligado a mantenerse dentro del estilo de la época, con ligeras modificaciones personales, para que las imágenes de periódicos y revistas no entren en contradicción. Los editores y redactores quieren vender la imagen fotográfica como la verdad objetiva. De ahí las dificultades que tienen los creadores para trabajar en la prensa. Cartier-Bresson, que comenzó con un estilo muy personal, ha terminado sin personalidad visual después de fundar la agencia Magnum y ponerse a trabajar para las revistas —y por encargo—. Eugene Smith abandonó la revista *Life* porque no estaba conforme con el corte y el emplanaje de sus fotos. Tenía plena conciencia de que lo estaban utilizando, y utilizando mal, deformando su trabajo. Pero sólo unos cuantos pueden sustraerse y sólo a riesgo de quedar amargados y en la calle. Las presiones económicas obligan a muchos fotógrafos a trabajar para publicaciones de moldes rígidos y casi inconscientemente su estilo se va deteriorando, perdiendo la fuerza de una visión profunda y auténtica. Si en las fotos de revistas y periódicos se permitiera al creador desarrollar su personalidad, su punto de vista, todos descubrirían que la fotografía no es la verdad objetiva. Cada fotógrafo tendría un estilo, igual que los pintores, por ejemplo, y se vería fácilmente el sentido, el lenguaje. Y, naturalmente, una vez descubierto el secreto, nadie creería en la veracidad informativa de una foto. De ahí el desgarramiento que sufren los fotógrafos que tienen que ganarse el pan y quieren al mismo tiempo crear y expresarse.

La fotografía de prensa como lenguaje, como argumento dialéctico, enriquecería nuestro mundo, no sería un engaño sino un instrumento de trabajo intelectual. El hombre debe apoderarse conscientemente de todos los recursos a su alcance para entenderse y expresar su mundo.

Arte

La familia del hombre es probablemente el más difundido esfuerzo individual por darnos una imagen fotográfica de la residencia del hombre en la tierra. Un artista seleccionó las 503 fotografías, tomadas en 68 países, para la exposición original. Edward Steichen —como señala claramente el libro catálogo en la portada— creó la exposición escogiendo las imágenes y colocándolas entonces dentro de una estructura definitiva. Las imágenes recogidas en países subdesarrollados están entretejidas como parte destacada de la visión total.

La exposición fue resultado de una idea preconcebida; Steichen, como señala en la introducción, intentó demostrar que «el arte de la fotografía es un procedimiento dinámico para dar forma a las ideas y explicar el hombre al hombre». Concibió la exposición «como un espejo del elemento universal y de las emociones de la vida cotidiana —como un espejo del hombre como uno y el mismo a través del mundo». La primera parte de la cita es una definición válida del hombre como ser cultural. Encuentro, sin embargo, objetable la segunda parte. Afirmar que es «un espejo del elemento universal y de las emociones de la vida cotidiana» es una forma de excluir a la fotografía del arte, de privarla de su función esencialmente creadora. Y pretender demostrar que es «un espejo del hombre como uno y el mismo a través de todo el mundo» es una peligrosa ilusión, una fantasía social.

Mucho más acertado hubiera estado si tratara de presentar la desigualdad de los pueblos a través del mundo. Todos los conflictos y la violencia del mundo actual se deben en parte a las diferencias entre los hombres determinadas por el continente y el sistema en que han tenido la suerte o la desgracia de haber nacido. (Esto es especialmente cierto en nuestro caso —hablando a partir de una isla subdesarrollada que trata desesperadamente de sobreponerse al atraso de su estructura social y económica y participar en la peligrosa pero inevitable aventura del hombre moderno. E ingresar en la historia y cesar de ser una parte malgastada y abandonada de la humanidad).

La misma imagen seleccionada como tema de la exposición, el indio peruano (Eugene Harris) que sonríe mientras toca su flauta, es simbólica: un símbolo romántico e ingenuo de la unidad de todos los hombres. Se pasa por alto que el indio latinoamericano vive en la miseria, explotado y al mismo tiempo rechazado y abandonado por la abundancia de la época industrial. Los muchachos como ese indio peruano pocas veces llegan a ser adultos. Steichen arranca ya con una distorsión de los hechos sociales. El primer tema de la exposición es el amor, y allí mismo presenciamos una mentira visual: una pareja indígena de Nueva Guinea aparece arrullándose junto a parejas italianas, norteamericanas y francesas; el amor en la selva y en la ignorancia no es lo mismo que en la civilización y entre comodidades. Unas páginas más adelante tenemos una imagen de la infancia como si los niños fueran lo mismo en India, Laponia, Austria, Estados Unidos y Cuba. La existencia sofisticada y segura de una niña rubia fotografiada por Penn en Nueva York tiene muy poco en común con la vida en la India hambrienta, con la fría tierra de los lapones o con la Cuba tropical y subdesarrollada. Esta misma unificación se repite a todo lo largo: da lo mismo que se trate del trabajo, la democracia, la justicia o la verdad. Esto corrobora la diferencia fundamental que existe entre la sociología y la realidad artística. La fotografía es un idioma y puede mentir con tanta facilidad como las palabras. No puedo aceptar la visión de Steichen pero debo reconocer que es coherente y a menudo artísticamente eficaz. El estilo es consistente; la imagen romántica de la solidaridad humana es muy persuasiva.

Una aclaración. Sí: las regiones atrasadas del mundo nunca hubieran aparecido desempeñando un papel tan conspicuo en una exposición como ésta hace cincuenta años. La facilidad con la que muchas personas aceptan —al menos visualmente— esta igual, es un desarrollo de la conciencia mundial. Pero también es una manera de escamotear un factor importante: la igualdad es, aquí un ideal fotográfico y no la realidad. Esto sólo podemos reconocerlo cuando vemos la fotografía como un idioma que convendría conocer bien para entender el sentido de sus palabras.

La forma de utilizar a las regiones subdesarrolladas del mundo en las fotos de publicidad y de modas está más cerca de su verdadera situación abyecta que «la humanidad es una» propuesto por *La familia del hombre*. La interpretación de Steichen no es una experiencia, como él pudiera pretender, sino una ilusión.

Lee Lockwood trabajó en Cuba este año durante varios meses preparando un libro de fotografías que diera una idea de la isla hoy. Una tarde discutíamos los libros publicados en Estados Unidos sobre Cuba. Mencionamos que Theodore Draper era el crítico más informado pero al mismo tiempo el menos consciente de lo que realmente estaba pasando. Tenía toda la información pero estaba prejuiciado a usar esa información contra la revolución, y que Cuba era una experiencia emocional, moral, sin cuya experiencia era imposible comprender nada. Entonces Lockwood me dijo que por eso creía que su libro tendría sentido, porque con las fotos se podía comunicar el sentimiento, los detalles vivos, el aura de la revolución. Tenía razón, la fotografía es una recreación emocional de la experiencia. Una imagen visual es esencialmente emocional, utiliza la materia prima de los sentidos, cuerpos, expresiones, objetos, mucho más que la literatura o la pintura.

Las fotos, sin embargo, cuando alcanzan una síntesis estética, inmediatamente se convierten en experiencias estáticas. Esto es cierto en el caso de Cartier-Bresson; sus «momentos decisivos» siempre son completos en sí mismos. Trascienden la realidad objetiva al crear una cerrada unidad interior. Cada aspecto de la imagen se entrelaza dentro de la composición cerrada del marco. Las fotos de Cartier-Bresson tomadas en Indonesia tienen este efecto paralizador. Uno se ve arrastrado a creer en la perfección de la realidad fotografiada porque la imagen es en sí armoniosa. «No cambien absolutamente nada», se siente uno inclinado a exclamar como un turista estúpido en algún país exótico y primitivo. La arquitectura cerrada de la imagen es la belleza que tiende, como pensaban los griegos, a justificarse por sí misma. El arte crea con frecuencia un mundo cómodo que se desprende y se independiza de la acción. «Los sentimientos excitados por un arte impuro son cinéticos, deseo y repulsión» —explica Stephen Dedalus en *Retrato del artista adolescente*—. «El deseo nos incita a la posesión, a movernos hacia algo; la repulsión nos incita al abandono, a apartarnos de algo. Las artes que sugieren estos sentimientos, pornográficas o didácticas, no son, por tanto, artes puras. La emoción estética (ahora uso el término general) es por consiguiente estática. El espíritu queda paralizado por encima del deseo y de la repulsión». Uno frecuentemente se siente paralizado ante un Cartier-Bresson logrado. El diseño geométrico de los arrozales en Indonesia, los cocoteros reflejados en el agua entre las briznas de arroz, la relación entre las figuras al fondo, trabajando, y la silueta solitaria en primer plano que nos facilita la entrada en la imagen. Esto es también cierto de la relación entre las dos mujeres en el mercado, ambas con cestas en la cabeza, pero una exhibiendo su juventud con la mirada baja y los senos arrogantes, y la otra, vieja, encarándola con una mirada burlona y sus marchitos senos chatos. Sus imágenes de la India y México tienen esta misma integración armoniosa.

Álvarez Bravo, con sus fotos de muerte, arquitectura y sencilla vida mexicana, tiene esta misma calidad helada. Las imágenes de Schweitzer en África de Eugene Smith son más dinámicas pero se apoyan demasiado en el mito de gran doctor blanco que toca a Bach en la exótica jungla negra. Robert Frank ha tratado de ir más allá de la apariencia del subdesarrollo. Más que nada porque su visión del hombre tiene muchas sombras, es lo contrario de la imagen dramática o exótica, utiliza más el momento de abandono que cualquier instante decisivo. Sus imágenes de Perú —las pocas que he podido ver— son patéticas. Además, Frank tiene un sentido dialéctico de la imagen fotográfica, nunca pretende capturarlo y aislarlo todo en una sola imagen como Cartier-Bresson, sino un fragmento de un todo construido con imágenes interrelacionadas. El ensayo fotográfico de Penn en Perú, aunque aparentemente epidérmico, logra destacar el ingenuo exhibicionismo de la gente humilde de Lima. Su empleo de la máscara tejida es también fiel a la pasividad introspectiva de la personalidad india. También hay ironía, una burla sutil del exotismo.

La principal limitación de la mayoría de los fotógrafos creadores cuando trabajan fuera de su ambiente cultural es una tendencia a funcionar con clisés e ideas convencionales.

Las imágenes pueden estar resueltas pero el contenido ser estereotipado. Esto puede ocurrir tanto en Cartier-Bresson como Eisenstaedt, Emil Schulthess, Eugene Smith o Penn. México está lleno de colorido, África es salvaje y los negros son físicamente hermosos, la India es religiosa y esotérica. Fotografían a partir de sus prejuicios y el resultado es una serie de imágenes simplistas, planas y unilaterales. El impacto, sin embargo, es grande: la situación, aunque superficial, se impone por su realidad concreta.

Existe la imagen de Cuba, por ejemplo, como un paraíso tropical con innumerables playas naturales, sensualidad y, en general, gente alegre y llena de ritmo tropical. Al menos, esta era la imagen perpetuada en la mayoría de las fotos de modas, publicidad y arte. Hasta que la revolución obligó a muchos a replantearse nuestra imagen. Hay ahora otra, más dramática, de Cuba como un país en revolución; sin embargo, muchos fotógrafos, inclusive simpatizando con la revolución, visitan la isla y tienden a vernos como encantadores seres primitivos que han logrado «revolución y pachanga», revolución y relajo al mismo tiempo. Que se expresan siempre con sus cuerpos y nunca con la inteligencia. En realidad, toda revolución es una experiencia desgarradora.

Papp Jeno, el fotógrafo húngaro que visitó Cuba en 1961, tiene debilidad por las imágenes románticas y sensuales y por los paisajes exóticos. Aunque su libro incluye la dimensión moderna de La Habana así como las zonas rurales, los cañaverales y las industrias modernas, se detiene y extasía en la apariencia romántica, elemental, simplista; insiste en lo típico y lo exótico, desde los vendedores callejeros hasta los cocodrilos en la ciénaga de Zapata. Y con un atraso estilístico y técnico de veinte años. Hay en Cuba mucho más de lo que han visto los fotógrafos hasta hoy. Y muchos ojos han fotografiado lo que han visto. Una de las mejores interpretaciones visuales es un portafolio de fotos de Walker Evans, que apareció en *The Crime of Cuba* (*El crimen de Cuba*) de Carleton Beals, en 1933. Sus ojos interpretaron la vida rota de las calles. Es una visión sociológica, de los años treinta, pero su sentido de los contrastes dinámicos y la composición espontánea rescató muchas fotos del mero documento visual. Si la mayoría de los fotógrafos más creadores no han producido una imagen más compleja del subdesarrollo, ha sido por haber tenido aquí una experiencia limitada, de poco tiempo y escasa profundidad. Casi siempre pasan sólo unos días en el país y son incapaces así de producir una visión compleja. El fotógrafo se aferra instintivamente a la imagen superficial que encuentran en hombres y lugares. Sus ojos están llenos de ideas preconcebidas o de un conocimiento superficial del contenido de cada imagen. Trata constantemente con la realidad objetiva y se autosugestiona fácilmente hasta creer que puede fotografiar creadoramente sin conocer el sentido cultural de gestos y situaciones.

El ingrediente más importante de la fotografía siempre es invisible: el fotógrafo. Lo que siente, piensa, sabe y entiende determina la calidad de la imagen.

La interpretación visual de un pueblo es algo que requiere tiempo y empaparse del ambiente. Los países subdesarrollados también están fotográficamente atrasados, carecen de una imagen profunda de sí mismos. Viven alienados por aquellos que los utilizan para sus fines políticos, económicos o turísticos; distorsionados por los que pretenden presentarlos con fidelidad. En nuestra parte del mundo, el ámbito de Caribe, conocemos varias excepciones, probablemente hay otras. Subdesarrollo es también un mundo de aislamiento y comunicación defectuosa, siempre fragmentaria.

Después de cinco años en el país (1955-61), Paolo Gasparini creó una imagen significativa y coherente de Venezuela.

Asimiló la experiencia de Strand y la aplicó creadoramente.
En sus imágenes afiladas todo se paraliza para que veamos
—con la tranquila intensidad que sólo es posible en el arte—
la miseria y el terco orgullo que hoy rodea convulsamente
a esa otra parte, altamente industrializada, de nuestro siglo.
Todas sus imágenes trasmiten la existencia abandonada del
hombre oprimido por la crueldad enorme de la naturaleza.
Las montañas son apabullantes. En medio de las montañas
—como en los llanos y en la selva— los hombres son insignificantes y, sin embargo, dignos y persistentes. Una imagen
de tres casitas blancas sobre un fondo de montañas oscuras
delata toda la obstinación del hombre por afincarse y crecer
en medio de una naturaleza gigantesca y áspera: las montañas negras, el cuadrado blanco, las piedras en el abismo.

Hombres y mujeres y niños se fijan en las fotos hasta
que la repetición de gestos y situaciones nos da la clave de su
intención: gente muchas veces desperdiciada para la humanidad: niños ventrudos que no entenderán los garabatos de
las letras, jóvenes que no encontrarán trabajo y se quedarán
mirando las musarañas, rodeados de hijos, a la puerta de su
casa. El mundo subdesarrollado es también un mundo subutilizado. La humanidad posible de cada individuo se pierde,
se rompe.

Gasparini construyó su visión con residuos: maderas sucias, carcomidas, rotas, despintadas; paredes llenas de heridas y
magulladuras; niños jugando siempre con latas vacías de productos importados; la máquina, fría, abstracta, de otros hombres, extrae petróleo: mujeres blancas y rubias en los anuncios
de Pepsi-Cola cubiertos de polvo y tierra; ridículos militares
armados; cementerios rodeados de tanques de petróleo.

Gasparini no se conformó con lo que vio al pasar, con
las fachadas que otros fotógrafos aceptaban como la realidad, no se conformó con pasar de largo y por alto lo que hay

en el fondo. Entró y se quedó allí. Es fácil admirar la fachada del subdesarrollo; muchos exquisitos admiran la arquitectura colonial y rural de América Latina. La integración del paisaje y la arquitectura, la rica y sorprendente textura de las viejas paredes carcomidas, las armoniosas proporciones de las chozas de adobe y de los bohíos campesinos. Esta es la belleza de la choza exótica y primitiva fotografiada por Leiter con una frágil modelo posada detrás de la ventana. Eso es lo único que muchos fotógrafos y arquitectos han visto: nunca lo que vive detrás. Gasparini entró en estas casas humildes, se detuvo en una perdida aldea de Venezuela, Bobare, y fotografió los interiores.

«Hace falta entrar en estas casas» —escribe Gasparini—. «Así como afuera son blancas, adentro se vuelven negras. Negras de la miseria, la suciedad, el humo del fogón que, sin salida, permanece suspendido en el aire, bajo el techo. Son tan negras y oscuras que es imposible fotografiarlas». Pero él entró y fotografió en la penumbra, captó el sucio deterioro: el fogón roto, la vieja maleta abandonada de un viaje a Caracas que nunca se realizó, los tesoros en la repisa: un solo zapato viejo, dos latas vacías, un cacharro desfondado y un asiento de bicicleta. «Hace falta entrar en estas casas, sin miedo a ensuciarse al tocar los niños sucios porque no hay agua. Para comprender un poco mejor a los hombres, sus casas, el pueblo y el paisaje, los cardones consumidos como las mujeres arrugadas, con el pecho seco; consumidos como los hombres de los cuales sólo queda la piel, los huesos y la mirada apagada, como la tierra árida, la piel arrugada como 'textura de un muro'; para comprender un poco mejor todo esto, uno debe acercársele con más amor, comprensión y conciencia, sin prejuicios o juicios demasiado fáciles y apresurados. Hace falta entrar en las casas y no detenerse en las fachadas. Hace falta tratar de comprender a estos hombres, hablar con ellos, no quedarse sentados en el carro apuntándolos con el teleobjetivo. La piedad no basta».

Los fotógrafos a menudo pasan por lo alto estas visiones porque viajan al subdesarrollo un poco como turistas, permanecen allí poco tiempo. Y quieren convencerse de que la vida no es tan terrible en las zonas atrasadas del mundo, convencerse de que existen compensaciones basadas en la armonía que existe entre el hombre y la naturaleza, la satisfacción del trabajo manual, la expresión creadora del hombre primitivo a través del trabajo y en el baile. Porque si son iguales, aunque sean muy diferentes, no hay necesidad de preocuparse, de tener una conciencia sucia. Todos los hombres son iguales: pobres o ricos, con hambre o hartos. Los fotógrafos sueñan, tanto como los filósofos, en utopías.

Las imágenes rurales de Gasparini están complementadas por el trabajo de Daniel González. Este fotógrafo venezolano ha revelado a la naturaleza contradictoria de las modernas ciudades de América Latina. González ha destacado en sus fotos el choque surrealista entre la grotesca conducta subdesarrollada y los crueles, implacables cambios socioeconómicos. Ha seleccionado las imágenes más sugestivas y explosivas: las chozas miserables construidas alrededor de Caracas, en los cerros, con desperdicios urbanos: cajas, afiches, fragmentos de vallas demolidas con un ojo, una sonrisa estúpida o palabras perdidas; una vidriera exhibiendo una muñeca con una muleta para los miembros torcidos de los niños; un anuncio lumínico con una calavera indicando una sastrería.

En Cuba, tenemos la visión penetrante de Luc Chessex, un fotógrafo suizo que ha permanecido ya cerca de cuatro años en la isla. Sus imágenes, como las de Frank, no pretenden dar toda una situación, sino la sombra que proyecta, las esquinas, los detalles elocuentes. Ha enriquecido nuestra imagen nacional añadiendo complejidad a ese rostro, ha refutado la visión estereotipada de Cuba como un paraíso alegre y juguetón. Chessex ha descubierto el rostro abstracto, concentrado, del cubano que baila. Hasta ahora el énfasis se daba casi exclusivamente a gestos dramáticos, extrovertidos, sensuales de nuestros ritmos. Chessex ha fotografiado a varias parejas que bailan como si estuvieran conversando, meditando, abstraídas de la realidad y del tiempo. Sus fotos de Fidel son el descubrimiento de su imagen integrada espontáneamente al pueblo: vallas, paredes, centros de trabajo.

Chessex ha visto unidas la imaginación y la realidad; en Cuba no se han dividido como en sociedades más desarrolladas y organizadas. Los elementos más anacrónicos están fundidos, yuxtapuestos, no artificialmente como en el surrealismo, sino naturalmente. En una misma vidriera vemos una bandera, una faja ortopédica, una foto de Fidel, un zapato –y nadie lo encuentra incongruente. Pero Chessex lo sorprende y destaca. Maniquíes blancos modelando ropa para una población con un alto porcentaje de sangre africana. Una rubia rodeada de cabezas de pelo espeso y enmarañado. También ha resaltado la insistencia de los cubanos por consumir, juzgar, hablar con la mirada. Dependemos en gran medida de los ojos para entender el mundo: analizamos a los otros mirando firmemente, de frente, y muchas veces inclusive volviendo la cara por la calle. Es una forma primitiva de comunicación y manera de juzgar a nuestros compatriotas. En otros países se utiliza el rabillo del ojo, una mirada furtiva, aquí somos casi insolentes y frontales en la forma de mirarnos unos a otros. Chessex ha capturado el sentido de nuestra mirada en varias imágenes: cubanos volviéndose para ver al que pasa, fijarse en la cámara; dos grupos se cruzan por la calle y hasta los niños se analizan al pasar, se concentran en el extraño. Nos ha sorprendido meditando o serios donde otros fotógrafos nos han visto bailando y sonriendo y gritando. Cada fotógrafo creador añade una faceta a nuestra realidad cultural. Una nueva visión que surge tanto de la realidad objetiva como del enfoque del lente.

Mayito es el fotógrafo cubano que con mayor insistencia busca un lenguaje fotográfico que no ilustre: que exprese; en esta búsqueda ha pasado de la imagen espontánea a la composición geométrica, de las texturas al expresionismo. Pero se trata de un artista. La pareja de cubanos sabrosones entrando en el agua tímidamente agarrados de la mano es un buen ejemplo de psicología fotográfica. El cubano, normalmente en pleno control de su espacio vital, aparece indefenso ante la enormidad del mar, la isla pequeña enfrentándose a una imagen de la vastedad universal.

Los diferentes períodos históricos tienen sus características. Captar esos momentos, en una imagen, una anécdota o un relato es intensificar la realidad para revelarla. Son epifanías históricas. Hay la foto de Fidel entregando un título de propiedad a dos campesinos, en un mural, tomada por Mayito en el *Bar 3 Toneles* que es eso, la revolución cubana en 1959. Época de transición en que junto con la Reforma Agraria subsistía todavía la empresa privada y la propaganda capitalista. En el primer plano de la foto el pueblo aparece celebrando, divirtiéndose, es el año de la alegría, de la liberación de la dictadura, después vinieron los años de construcción, de sacrificio, de trabajo y educación. Esta imagen de Mayito es una epifanía visual de nuestro año 1959, año del triunfo de la revolución cubana.

Mayito tomó a Fidel y a Martí en una concentración pública, como dos rostros más entre la multitud, como parte integral del cubano, como expresión del espíritu nacional. Fidel y Martí en brazos del pueblo en una manifestación, como expresión cotidiana de lo mejor de la historia, la conducta, la inteligencia y la creación cubanas.

Los artistas fotógrafos interesados en captar la verdadera imagen, el rostro de la realidad, son, sin embargo, mentirosos lo mismo que los dedicados a la publicidad, las modas o las noticias. Son creadores de una visión. Los fotógrafos creadores modifican la imagen, la vuelven sobre sí mismos; es más fácil decir «un Cartier-Bresson» que «una foto de México», o «Eugene Smith» que «África» o «un Penn» que «una calle de Lima».

Conclusión

La visión creada por miles de fotos sobre, alrededor o pensando en el Tercer Mundo sólo puede interpretarse como parte de un lenguaje cultural. De otra manera nos usan y atrapan en una mentira visual, con un engaño concreto: la fotografía. El arte vinculado a la acción y a la propaganda es, como pensó Joyce, impuro. Pero la cultura es siempre impura, como el hombre. No se puede hablar de arte a partir de un concepto estático y puramente estético. La impureza es esencial: el arte se alimenta de impurezas. La cultura es un instrumento de nuestro desarrollo humano, el idioma y la imagen de nuestro viaje aquí en la sociedad. Y en ese viaje no hay nada seguro, nada definitivamente estático; es una lucha en y con toda la complejidad del mundo. El arte lo mismo sirve para vender, soñar, meditar, entender el mundo y verlo, masturbarse, odiar, amar, contemplar. Y la fotografía tiene la misma naturaleza proteica de nuestra época convulsa, impura —pero dinámica, lanzada hacia el futuro, hacia el infinito, hacia lo más profundo del hombre y de su historia. Vivimos en un mundo artificial de valores —la cultura— creado por el hombre. El arte, si es algo, es conciencia. Una conciencia en Ia que podemos atrapar nuestra vida. Y la fotografía de hoy —infiltrada en casi todos los niveles de nuestra cultura– es tal vez el mejor marco para ver nuestra fluida conciencia. Hasta las ideas se hacen de carne y hueso en una foto impresa.

Durante mucho tiempo nos debatimos tratando de aislar el arte de otras manifestaciones culturales, tratando de separar sus impurezas. Era una empresa estúpida. Sólo interesa el idioma que utiliza el hombre para funcionar en el mundo y darle sentido a su existencia. El arte no es más que una parte de la cultura, no tiene bordes definidos, no puede existir aislado de la dinámica social que incluye política, ciencia, economía, periodismo, sociología, psicología y sobre todo historia. Y tomar una posición. Todo este artículo está también hecho a partir de un enfoque muy definido: he colocado mi cámara, en cada palabra, a partir de la revolución cubana, del subdesarrollo y de su relación con el resto del mundo y de la historia contemporánea. No es una crítica enfocada desde Nueva York, Londres, Praga, Moscú o Pekín –sino a partir de La Habana, y en el año de mil novecientos sesenta y cinco. Es una época nuestra. Exige que se nos entienda: desde nuestra necesidad de liberarnos de la explotación física y sicológica del capitalismo hasta exigir la ayuda del mundo socialista. Y de toda la humanidad. No es sólo un problema nuestro; de nosotros, como dijo Martí, depende el equilibrio del mundo.

La imagen fotográfica del subdesarrollo es hoy un fenómeno mundial: está en la conciencia visual e histórica del mundo. Es lo que soñamos (un hermoso paraíso para exhibir las últimas modas y pasar unas vacaciones románticas servidos atentamente por los nativos en un lujoso hotel), es expresión de nuestros temores y de nuestros deseos (revolución social, pueblos impacientes, materias primas, crueldad, miseria, injusticia, posibilidades, resentimiento feroz, ignorancia y agresividad) y es también lo que la humanidad pretende cuando tiene ideales (hermanos, nuestros hermanos, nosotros, seres humanos).

Las mentiras de Gasparini[1]

Mis relaciones con la fotografía comenzaron con una desilusión. Era entonces un muchacho pretensioso atrapado por las experiencias más superficiales y, encima, creía haber llegar a la esencia de las cosas. (Todavía este vicio me persigue). Tendría como veinte años cuando me sentí acogido por las imágenes de *Trinidad de Cuba*, un libro dulzón de fotografías tomadas por Esteban A. de Varona. Me sentía cómodo —el sentimiento que me produce siempre hasta el arte más superficial o demoníaco— en sus páginas. Las plácidas fotos de sólidas casas coloniales, lecheros a burro por las calles empedradas, umbrosos patios interiores, mamparas blancas, paisajes de montaña vistos a través del diseño de una vieja reja, balcones de madera y techos irregulares de tejas me crearon en la cabeza la imagen de una gran ciudad colonial y romántica. Me sentía desarraigado, Cuba para mí era una isla hueca, y las fotos de Trinidad me acogían en sus casonas viejas y serenas. Hoy creo (entonces no lo pensé) que lo que realmente me atrapó fue la unidad cerrada de la visión. Todas las fotos tenían un mismo sentido, una sola atmósfera; Trinidad aparecía como una ciudad gastada pero sin impurezas. En La Habana había edificios coloniales aquí

1 Revista *Casa de las Américas* n° 32, Año V, La Habana, setiembre-octubre 1965, pp. 85-88.

y allá pero se los comía el ritmo gritón de la ciudad, se los tragaban el comercio, las guaguas, la politiquería.

Entonces visité Trinidad. Ya la llegada misma me reventó los sueños: entré en automóvil por las calles empedradas. El contraste rasgó el mundo romántico de las fotografías: el carro y los autobuses y los demás vehículos motorizados que andaban por la ciudad. En el libro sólo paseaban por las calles mulos, caballos y carretones. Para ver la ciudad y el paisaje a través del diseño de las rejas de un balcón —como en una fotografía— había que ser un enano o sentarse en el suelo. Y encima de todos los vecinos se quejaban de las enormes «chinas pelonas» del empedrado que destrozaban los zapatos y las gomas de los autos. Las fotografías del libro eran una mentira, la visión del fotógrafo. Un sueño.

Desde entonces la fotografía ingresó para mí en el mundo del arte. Es uno de los tantos recursos que tiene a su alcance el hombre para entablar un diálogo con la realidad, para expresar su visión del mundo.

La experiencia y la fotografía no son lo mismo. Se habla ingenuamente de realismo fotográfico. No hay engaño más persuasivo que la fotografía. Las imágenes no son más que la expresión del artista. El creador selecciona, escoge ángulos, la luz, la imagen misma. Dos fotografías pueden retratar a un mismo hombre como a un trabajador apilado, la ropa sucia de grasa, o como a un parásito social, vestido de punta en blanco, distraído mirando las musarañas.

La obra fotográfica de Paolo Gasparini sólo puede verse como el diálogo entre un hombre y su experiencia. Los cambios de estilo son las transformaciones en la personalidad del artista, modificaciones que ha sufrido su visión de la realidad.

El hombre aplastado por la vida injusta y escasa de Hispanoamérica indignó a Gasparini desde su llegada a

Venezuela en 1955. Y decide tomar partido. Seis años más tarde no se había calmado: «Yo creo en el artista empeñado y comprometido» –dice al exponer en Caracas sus fotos venezolanazas[2]—. «Y hablo en esta forma, que podrían parecer sectaria, porque viviendo la realidad de un país subdesarrollado, como es el caso de Venezuela, me he dado cuenta de que el discurso acerca de la 'íntima angustia' del artista, así como el razonar sobre las cuestiones puramente estéticas y formales, sería inútil, hipócrita y estéril». De esta actitud epatante de Gasparini hoy sólo podemos aceptar la indignación. Sabemos —vemos– que utilizó la frialdad del artista para tomar y luego imprimir estas fotos. Este desapego da mayor intensidad a las imágenes.

Son fotos precisas donde de pronto todo se ha paralizado para que podamos ver —con la tranquilidad y la intensidad que sólo se da en el arte— el rostro de la miseria y del orgullo que hoy rodea convulsamente a esa otra parte, altamente industrializada, de nuestro siglo. Paisajes enormes, ásperos, tragones; latas vacías y palos; caras de jóvenes desafiantes, hombres maduros, viejos sumisos; maderas carcomidas, mujeres blancas y rubias en los anuncios de Pepsi-Cola cubiertos de polvo y tierra; ridículos militares armados; cementerios rodeados de tanques de petróleo.

Todas las imágenes que tomó en Venezuela están al servicio de su visión del subdesarrollo, de su indignación. Hasta el paisaje nos da el enorme desamparo de la vida sometida a la crueldad de la naturaleza. Sus montañas son apabullantes. Gasparini ha fotografiado la enormidad tragona de los Andes. En medio de las montañas —y los llanos y la selva— los hombres son insignificantes y, sin embargo, dignos y persis-

---

2 *Rostros de Venezuela*, Museo de Bellas Artes de Caracas, 1961. Venezuela espera, Casa de las Américas, La Habana, 1965.

tentes. Una imagen de tres casitas blancas sobre un fondo de montañas oscuras delata toda la obstinación del hombre por afincarse y crear en medio de una naturaleza gigantesca y áspera: las montañas negras, el cuadrado blanco, las piedras en el abismo.

Hombres y mujeres y niños se fijan en las fotos hasta que la repetición de gestos y situaciones nos va saturando de una visión: gente muchas veces desperdiciada para la humanidad: niños ventrudos que no entenderán los garabatos de las letras, jóvenes que no encontrarán trabajo y se quedarán inmóviles, rodeados de hijos, a la puerta de sus casas. El mundo subdesarrollado es también un mundo subutilizado.

La humanidad posible de cada individuo se pierde, se rompe. Vive rodeada de desperdicios; con ellos construye Gasparini sus imágenes: maderas sucias, carcomidas, rotas, despintadas; paredes llenas de heridas y magulladuras; niños jugando siempre con latas vacías de productos importados; la máquina, fría, abstracta, de otros hombres, extrae petróleo.

Y hasta en la ciudad, por los cerros alrededor de Caracas, los muchos pobres se hacen sus casas también con los desperdicios urbanos, con las sobras de la burguesía.

Lo sorprendente de las fotos venezolanas de Gasparini es encontrar físicamente reiterada la imagen de una denuncia y sentir al mismo tiempo la crueldad estética del artista. Una cosa rota, obsesiva, fija, inalterable, densa, en el estilo, algo que hunde las imágenes en la conciencia, que tiene la inevitabilidad acusadora del mundo subdesarrollado, domina su visión.

Lo más importante de la fotografía nunca se ve: el fotógrafo. Gasparini utiliza la cámara para dominar, entender o hablar con la realidad exterior. Hay un diálogo constante entre la imagen y el fotógrafo. Hay en todas sus fotografías una voluntad de apoderarse de la realidad.

En Venezuela, Gasparini empezó como fotógrafo de arquitectura. La realidad fue primero algo inmóvil ante los ojos del fotógrafo. Algo que le fue dando seguridad lentamente. Allí aprendió su oficio: logró precisión y nitidez. Poco después, y simultáneamente, bajo la influencia de Paul Strand, decidió darle cuerpo a su imagen de Venezuela: una imagen de la vida rota de un pueblo que vivía entre desperdicios o agarrado a la falda de una montaña. Lo demás quedó fuera de su enfoque. Sus fotos venezolanas son la interpretación cerrada de un mundo.

En 1961 liquida su estudio en Caracas y sale para Cuba. Si la realidad venezolana había sido desgarradora y estática para Gasparini, Cuba se le presentó como un caos de creación revolucionaria. Mientras se aplatanaba entre golpes y deslumbramientos, fotografió nuestro estático mundo colonial de rejas, mamparas y viejas casas coloniales. El caso de Venezuela se repite, Gasparini va entrando lentamente en la Isla, va buscándole un sentido a la realidad, tratando de entrar en diálogo con la realidad. Y la historia de casas viejas le permite agarrarse a sus rejas, ver cómo cambia el sol a cada hora del día: las paredes desconchadas, el peso muerto del pasado, se llenan de luces y sombras. Ya en sus últimas fotos de arquitectura el hombre aparece para darle sentido a las fachadas coloniales[3]. Una vez que se construye su casa en la Isla, puede ya salir a la calle. Gasparini estalla a su contacto con Cuba.

Se abre al mundo de la revolución cubana; quiere expresar toda su variedad, sus contrastes. Busca un estilo fotográfico a la medida de su experiencia. Ve la revolución en todos sus aspectos: música, baile, estudio, trabajo, ocio. Esta visión

---

3 *Ambiente cubano*, exposición para el VII Congreso Internacional de la UIA, La Habana, 1963.

múltiple se expresa mediante imágenes multifocales. Gasparini ha organizado la realidad cubana. Ha recorrido la revolución y la ha encuadrado para que diga cosas. La Isla que ha visto no es la única que existe, hay tantas como hombres la conocen; es una Cuba que descubrirán algunos, rechazarán otros y compartirán muchos. Estas imágenes fugaces van sumando una visión[4].

Dentro del mundo cultural de la fotografía, cada creador nos da su ángulo de la realidad. Gasparini ha fotografiado a Cuba desde la tierra, a nivel de sus ojos: la industria del azúcar[5], el carnaval de Santiago, la campaña de alfabetización, las caras y posturas de los cubanos anónimos que hacen la Isla. Los sorprendió por las calles —nuestro ambiente natural— y trabajando en el campo; nunca su cámara enfoca las alturas o los aislamientos. Las fotos de Gasparini viven en un espacio casi siempre abierto.

La cámara rehuyó los gestos dramáticos y grandilocuentes. Los grupos tienen una composición asimétrica, espontánea. Su dramatismo está en la naturalidad del gesto, de la postura. Este es uno de los aciertos de la mirada de Gasparini. Es fácil descubrir el ritmo y la evidente alegría del cubano. Es el lugar común que inconscientemente aceptamos sobre nuestra personalidad. El extranjero lo busca y lo encuentra. Pero es una imagen tan gastada que ya carece de autenticidad y se ha convertido en una máscara. Las imágenes estereotipadas del cubano nos impiden penetrar las apariencias. Cuando un estilo se hace rutina y fórmulas nos aleja de lo desconocido y vivo del presente. De ahí la necesidad de romper las convenciones en el arte, de buscar nuevos caminos para expresar y transformar nuestro mundo.

---

4 *Cuba: ver para creer*, Galería de La Habana, 1965.
5 *La Zafra*, Terminal de Ómnibus, La Habana, 1965.

Gasparini ha descubierto en estas fotos la melancolía cubana, la serenidad, el rostro roto de nuestra imagen, la heroicidad sin rimbombancias. Las familias santiagueras sentadas a la puerta de su casa; las calles; los trabajadores. Y también está el ritmo alegre de los carnavales, la risa franca. Hay diferentes momentos en la exposición, desde el dinamismo de la fabricación del azúcar hasta la concentración del estudiante, desde la plácida contemplación hasta el estallido del baile. Muchas fotos de Gasparini se detienen y exaltan la belleza africana de nuestro pueblo. Hay mujeres oscuras que lo mismo alfabetizan que rinden culto a viejos dioses africanos: es una lucha desgarradora y constructora entre la civilización y el subdesarrollo.

El estilo, la unidad artística, se resquebraja ante la necesidad que siente el artista por expresarlo todo. Es también la liberación del artista de su inseguridad frente al mundo. Hay, sin embargo, las vacilaciones del hombre acostumbrado a ver figuras inmóviles que de pronto decide fotografiar el movimiento. Es un desarrollo, una búsqueda, una nueva visión que tiende a crear su propia unidad.

Gasparini ha escogido la base de la pirámide cubana, la parte más ancha y humilde de la Isla. Es una interpretación fotográfica abierta al futuro: delata las *posibilidades* y las *limitaciones* de una población impulsada por la revolución y frenada por el subdesarrollado. El hombre aparece como una fuerza subutilizada —como en las imágenes de Venezuela— latente, pero que la revolución ha lanzado por el difícil camino de la soberanía nacional, el desarrollo técnico, el trabajo responsable: la civilización. Cada uno de los hombres y mujeres que nos miran desde las fotos son alegres y tristes en un mundo (1965) que ya ha conquistado el espacio y puesto máquinas cibernéticas a trabajar y pensar. Tristes porque no han tenido todas las oportunidades para desarrollarse, porque han vivido subutilizados por la historia, la economía y el espíritu, fuera de la aventura del hombre moderno en las sociedades altamente desarrolladas. Y alegres porque hoy en Cuba tienen un futuro, por hacer y descubrir, porque han conservado su vitalidad, han logrado expresarse rudimentariamente en el baile y en el amor, y hasta en el odio.

Las imágenes de Gasparini suman una visión política del mundo subdesarrollado. Hasta la pesadez ruinosa de los edificios coloniales forma parte de la opresión que domina la vida hispanoamericana. Venezuela vista como la apretada cuerda de un reloj en espera de su momento y Cuba como la explosión revolucionaria. Son imágenes que forman parte de una visión del mundo que llevó a Martí a declarar: «con los pobres de la tierra/quiero yo mi suerte echar».

La fotografía es una de las expresiones artísticas dentro de las cuales el artista puede dar su visión del mundo con mayor posibilidad de persuasión. «El artista» —dijo astutamente Picasso— «debe acertar con la manera de convencer al público de la total veracidad de sus mentiras». Las mentiras fotográficas de Gasparini nos han convencido de su visión entre estática y explosiva del subdesarrollo.

¿Foto-mentira![1]

Es dificilísimo elogiar sin sentirse mentiroso, hipócrita. Pero nada: estamos ante un fenómeno insólito: una exposición refrescante, llena de posibilidades, liberadora, profunda, sí, digámoslo, profunda y original.

Luc, Mayito y Raúl han elevado la fotografía, con plena conciencia, al mismo nivel de la literatura, la pintura y el cine.

La fotografía —en Cuba y en el resto del mundo— está tarada por un respeto absurdo a la técnica y por el miedo a la realidad en bruto.

Respeto y servilismo hacia la técnica: la mayoría de los fotógrafos es esclava de las cámaras, los lentes, los negativos, las ampliadoras, los papeles y los quimicales... Se deja dominar por la técnica en lugar de doblegarla, de someterla y ponerla al servicio de la creación. La técnica jamás debe imponerse sobre un artista, el creador debe transformar la técnica en una materia maleable, dúctil, servicial.

Miedo y sometimiento frente a la realidad objetiva: el prestigio de las situaciones, los objetos, las personas y la luz que sorprende la cámara es tan apabullante que muchos fotógrafos hablan ingenuamente de captar el *momento decisivo*, de la *luz ambiente*. Han creado el falso mito de la

---

1 Programa de la exposición de Raúl Martínez, Mario García Joya y Luc Chessex Galería Habana, La Habana, 1966.

fotografía como espejo, como reflejo mecánico de la realidad. Todo eso es filfa, una mistificación: la fotografía es una mentira —el fotógrafo escoge la situación, el ángulo, la luz, la imagen misma— interpreta la realidad igual que un escritor o un pintor.

Luc, Mayito y Raúl han rechazado deliberadamente la fotografía como copia mecánica de la realidad y con plena conciencia la han sometido a la visión del artista. Han domesticado la materia fotográfica: es algo dócil en sus manos.

Mayito empieza a demostrando que se puede hacer buena, gran fotografía sin jamás haber visto la realidad que sirve de punto de partida. Recurre, para empezar, a un negativo de otro fotógrafo, nada menos que AP, para dar su visión intensa y desgarradora de la guerra en Vietnam. Mayito ha cocinado, literalmente cocinado, raspado, mutilado y transformado el negativo. Raúl ha organizado la realidad fotográfica, ha repetido y concentrado la misma imagen para sacarle su más profundo sentido: la proliferación absurda de los objetos en el mundo de hoy. Luc ha utilizado diferentes estilos y enfoques para revelar la imagen moderna y compleja de la mujer cubana, utilizando hasta el estilo cobero y sin arrugas de la fotografía de estudio y los retratos iluminados a mano.

Esta exposición pone la fotografía al día con el resto del pensamiento, la ciencia y el arte de nuestra época. Basta tomar como ejemplo la pintura. Durante siglos, a partir de la famosa oveja «retratada del natural» por Giotto allá por el año 1294, la pintura vivió atada al prestigio de la realidad. A partir del impresionismo, y especialmente con el cubismo, la realidad monda y lironda quedó totalmente desprestigiada: el hombre se impuso sobre su ambiente para expresar su visión del mundo. Lo mismo ocurre con la ciencia: se descompuso el átomo, liberando la energía de la naturaleza; se descubrieron las leyes físicas que hicieron posible desafiar la gravedad con el avión y luego la cohetería moderna llevó al hombre nadar en el espacio. La cibernética ha puesto a las máquinas a pensar alimentándoles todos los conocimientos de nuestra civilización. El hombre del siglo xx ha penetrado la realidad con la ciencia y la transforma constantemente con su inteligencia.

Luc, Mayito y Raúl han sacado la fotografía del siglo xix y la han colocado en pleno siglo xx. Han trabajado coherentemente con algo que latía implícito en la fotografía —nunca hay nada totalmente original—, y han hecho explícita su mentira creadora. Hay de pronto aquí una nueva actitud ante la cámara y la imagen: han resaltado la mentira de la fotografía para firmar su verdad artística, mejor: cultural. De ahí FOTO-MENTIRA. Lo que dicen estas fotos de Luc, Mayito y Raúl no se había dicho nunca antes así. Estos tres artistas han llevado la fotografía a un punto más allá donde se encontraba cuando empezaron a trabajar. Se trata de eso que llaman un aporte. En un mundo donde hay pocas ideas originales —la mayoría de los artistas no hacen otra cosa que repetir con ligeras variaciones dos o tres ideas puestas en circulación por la época— esta exposición es un paso adelante, una evolución. Y un logro concreto.

Las cosas surgen donde y cuando nadie lo espera. Muchos esperaban aquí grandes cosas de la literatura, del cine, del teatro y una de las expresiones más humildes y menospreciadas ha dado el palo. La fotografía es, no tengo la menor duda, una de las formas más complejas y vigorosas de nuestra época. Y ahora Luc, Mayito y Raúl nos revelan hasta qué punto la fotografía es un complejo lenguaje cultural.

Raúl ha desencadenado la imagen fotográfica. Los objetos crecen y se desbordan ante nuestros ojos. Los mismos pomos y botellas, siempre una misma estructura de acero en un muelle de La Habana, las mismas muñecas rotas y destripadas, los mismos platos sucios, los mismos archivos, el mismo rostro de una niña negra que se va entristeciendo y oscureciendo, el mismo trío de niñas mirándonos desde un balcón. Objetos iguales inundan nuestras casas y ciudades, nos acompañan también: vivimos en un mundo de producción en masa y Raúl Martínez humaniza los objetos y nos revela su abrumadora abundancia. Hasta los hombres se multiplican cada día más: para el año 2000 llegarán a 6.400 millones de habitantes sobre la tierra. «La desproporción del mundo —como escribió Kafka— parece ser, para nuestro consuelo, solo cuantitativa». Y para resaltar esto Raúl descubrió que no bastaba retratar muchos objetos, había que repetir la imagen una y otra vez. Introduce la fotografía la misma libertad y la misma elegancia de su pintura. Los vasos, asumiendo el verdadero rostro que guardan en nuestros recuerdos, aparecen organizados como en un cuadro cubista. La figura humana se multiplica, crece y disminuye, se repite, se mueve, cambia; todo en cuatro fotos que integran una sola imagen: un verdadero retrato contemporáneo. El arco de un patio interior (ropa colgada en una rama seca, lámparas, ventanas de persianas) repetido el derecho y al revés adquiere una nueva personalidad, se transforman en dos fanales, un cilindro envolviendo un pequeño mundo abstracto. La ironía nos libera un poco de la atmósfera absurda y aplastante de los objetos y las figuras repetidos una y otra vez hasta quedar impresos y revelados en nuestra conciencia. La foto del hombre sentado junto a una montaña de cajas es una ironía visual sin equivalente en el mundo de las palabras. La escena de la Plaza de la Catedral, repetida con ligeras variaciones, nos da tiempo y espacio en el recorrido de una mirada. La repetición de un mismo objeto, de un mismo hombre —nos demuestra Raúl— es ya otro objeto, otro hombre.

Luc se ha puesto se ha propuesto sorprender todos los rostros de la mujer; salió a las calles de La Habana buscándola: *cherchez la femme* no podía ser un título más apropiado para su ensayo fotográfico. La publicidad la presenta de una manera, ella se ve a sí misma de otra, el fotógrafo la retrata de otra. ¿Cuál es la verdadera? Todas y ninguna. Luc Chessex analiza la mujer como imagen cultural, una imagen artificial que la mujer de carne y hueso busca en el maquillaje y en la ropa ajustada; al moverse, al mirarse, al retratarse. Muchas veces el ideal y la realidad concreta —ahí están esas páginas abiertas de *Romances*— chocan y se autodestruyen creando un clima de alucinante irrealidad. La mujer tal y como la conocemos en el mundo actual, es un producto cultural, resultado de la moda, la educación, las costumbres, su posición social y los sueños de los hombres. Todo se mezcla en la mujer para deslumbrarnos. Hasta el artesano anónimo no puede controlar la tentación de tallarle unos lujuriosos senos a la Virgen, senos que permanecerán ocultos cuando la vistan con mantos y brocados. Luc ha captado el ritmo, los rostros, el vientre generoso, los gestos espontáneos, la sensualidad de la mujer cubana. Y sus ideales en la vidriera de una tienda, en un maniquí, en viejos anuncios rotos y descoloridos de bares y cigarros, en un nuevo cartel de la Federación de Mujeres. Para exponer toda la complejidad de la mujer Luc ha utilizado la realidad y la fantasía, la fotografía de luz ambiente y el retrato con luz artificial. Este ensayo fotográfico abre nuevos caminos a la fotografía. Ya no es necesario utilizar un solo estilo o siempre el mismo punto de vista. Luc ha fotografiado a la mujer con un enfoque revolucionario dentro de la fotografía. No ha tenido miedo ni siquiera iluminar con colores ñoños una foto para «iluminar» la vanidad, la mentira de una cosa tan supuestamente auténtica como un retrato. Ya la fotografía estaba demasiado encerrada, casi asfixiada, demasiado circunscrita normas convencionales. Ahora Luc nos demuestra que todo es útil para la visión de un artista. Todo está sutilmente cargado de sentido, hasta unos retratos inofensivos revelan el prejuicio racial aún latente, aunque inconscientemente, en algunas personas. Casi todos los fotógrafos de estudio, cuando van a imprimir, subexponen la imagen para que salga más blanca la mujer. Si la foto se imprime con todos sus detalles concretos el cliente casi siempre la rechaza por demasiado oscura. Se indigna y asegura que «yo no soy así tan prieta». Estas imágenes *dicen* mucho más de lo que *parece*. Luc ha dinamitado la unidad estrecha y monótona de la fotografía tradicional. Su ensayo es el verdadero lenguaje de la cultura: es arte, es sociología, es psicología, es imaginación y recreación.

Mayito ha incendiado la realidad para revelar el sentido que escondía una imagen de Vietnam. El soldado mercenario hunde un cuchillo en el vientre de un prisionero del FLN. Y todo estalla las manos de Mayito: la crueldad se hace más patente quemando el cuerpo de la víctima en el negativo, la violencia repitiendo y alargando la mano asesina, el abuso del poder repitiendo el casco del mercenario. Las imágenes de Mayito arden de indignación. «Se cree Superman —explica Mayito— y le está enterrando el cuchillo a un hombre amarrado». Y para concretar esta idea le puso en el casco, en el pensamiento, en la cabeza, un muñequito de Superman. El sufrimiento injusto del prisionero se intensifica yuxtaponiéndole una calavera de José Guadalupe Posada, achicharrando el cuerpo herido como si fuera una víctima de Hiroshima, otro genocidio norteamericano. No importa que haya utilizado el negativo de una foto que no tomó, Mayito ha recreado esa imagen, le ha dado profundidad y riqueza. El robo, ya lo sabemos, está permitido a un arte cuando va seguido de asesinato, y Mayito ha copiado una imagen pero ha superado su intensidad, intensificando y profundizando su sentido. La ha transformado en arte, o sea, en una carga de profundidad. Y esta carga de profundidad estalla en nuestra conciencia.

Sigo realmente sorprendido por la seriedad, el rigor, la originalidad de esta exposición fotográfica. No tengo para Luc, Mayito y Raúl más que agradecimiento por haberme sacado de la cárcel de mi cuerpo. Me sentí liberado, conmovido, humanizado estudiando y admirando las fotografías de esta exposición. He crecido al escribir estas palabras y sentido a fondo aquello de Martí: «Honrar, honra».

El sistema de muerte[1]

> Podríamos decir que el héroe del tiempo
> procura a los hombres una vida restringida
> mientras que el héroe del bronce les trae una
> promesa de resurrección.
>
> CLAUDE LÉVI-STRAUSS

Susan Meiselas no fue al Sur en busca de cadáveres; los encontró. Cuando Susan dejó Nueva York en 1977 para ver y comprender Nicaragua, estaba ansiosa por vivir radicalmente, por descubrirse a sí misma en el mundo.

En Nicaragua se vio a sí misma como un producto *made in* USA. Los opuestos —como decía Gide— se tocan en mí:

> Pienso como estadounidense. Una cosa me quedó muy clara en Nicaragua. Viniendo de Estados Unidos nunca he tenido que estar a un lado o al otro de la línea. Incluso en los *sixties* eso se podía evitar fácilmente. Uno participaba como activista, pero eso no afectaba fundamentalmente a todo lo relacionado con tu vida. Hasta cierto punto, uno podía seguir disimulando. Muy, muy pronto en Nicaragua me enfrenté al significado de las acciones de la gente. Asumían ciertos riesgos, y esos riesgos se hacían evidentes, tan evidentes que podían llevar a: la muerte real, el aislamiento o el exilio. La gente tenía una capacidad para determinar lo que era público y lo que era privado que yo no tenía. Me di cuenta de que todo en mi forma de vestir, de andar, de hablar con la gente, era un indicativo de mi cultura, de mi condición y de mi conciencia.

---

1 Blonsky, Marshall (ed). *On Signs*. The Johns Hopkins University Press, Baltimore, 1985, pp. 39-42.

La fotógrafa descubrió una de las claves para entender América Latina: un contexto diferente crea un discurso diferente. Lo que vio y lo que fotografió en Nicaragua no podía ser arrancado y empaquetado en Nueva York.

Estados Unidos es una sociedad fragmentada, una sociedad en la que se anima a la gente a vivir de manera centrífuga. Las partes nunca forman un todo. El todo es eliminado por los sutiles mecanismos del capitalismo avanzado y sus múltiples vías de escape y dispersión. En América Latina todo es centrípeto, todo tiende hacia la unidad y el eje. Ambos discursos entran en conflicto por diferencias económicas y políticas; no es una cuestión de temperamento.

La abundancia y la diversidad de la economía estadounidense fomentan la fragmentación y la dispersión. La escasez y las contradicciones de la mayoría de las economías latinoamericanas conducen a la conciencia de clase y al enfrentamiento. La naturaleza del Estado en el Norte es orgánica, aceptada por la mayoría de los ciudadanos; la mayoría ve al Estado como algo que los representa, que los incluye o podría incluirlos con ciertos ajustes. Sólo los negros se sienten fuera del sistema, se oponen a un Estado que no los representa ni los incluye en sus sueños y asuntos materiales. En América Latina el Estado es una entidad arbitraria, impuesta al pueblo y al país e incapaz de satisfacer sus necesidades. Además, el sistema es ajeno y opresivo. Estos dos factores —desarrollo económico y Estad— están en la base del carácter centrífugo y centrípeto de las fuerzas sociales en el continente de América.

Las imágenes de Centroamérica arrancadas del flujo de los acontecimientos por Susan Meiselas pertenecen al discurso del Sur y, sin embargo, se imprimen y distribuyen sobre todo para un público del Norte con una forma diferente de decodificar los mensajes. Su obra está sujeta a una amplia gama de distorsiones y lecturas ideológicas.

Los cuerpos pueden erigirse en metáforas, en epifanías de la guerra en Centroamérica. Los cuerpos son testimonios de cómo la gente de El Salvador está dispuesta y es capaz de jugarse la vida, está dispuesta a arriesgarlo todo para mejorar su suerte y significar algo más que sangre, algo más que materia inerte, algo que trasciende el horror y reclama solidaridad y futuro.

No han acabado. Empiezan a significar. Hay dos tipos de cuerpos en Centroamérica: los cuerpos que están contra la historia y los cuerpos que están del lado de la historia. Susan Meiselas ha fotografiado deliberadamente sólo los cuerpos de aquellos que quieren cambiar las cosas, mejorar la suerte de los pobres; nunca he visto una foto de un soldado muerto del gobierno tomada por Susan. Sus cuerpos están impregnados del significado del Nuevo Testamento que se lee hoy en América Latina: El que pierda su vida se salvará.

Los cuerpos tienen un efecto y un significado. Son armas prácticas; desafían al sistema. Resisten al sistema; luchan contra el sistema. Es un mensaje absoluto: Patria o Muerte. Mi muerte o mi país. Un país, una nación que siento que me pertenece, un Estado que refleja mis necesidades y hace todo lo posible por alimentarme, educarme y dar sentido a mi existencia.

La dignidad aterrorizada de la mujer interrogada por las tropas del gobierno, que sabe que puede convertirse fácilmente en un cadáver. Los cadáveres son signos obstinados; son arrastrados por los pies por un camino polvoriento, y cada humillación lleva al espectador a sentirse más indignado que temeroso. En el Norte, estos cuerpos, por ejemplo, podrían provocar lástima, horror, empatía o indiferencia. Los dos discursos están enfrentados.

Las bombas de contacto explotan en las manos de los niños y se registran los muñones sangrantes de sus dedos.

¿Cómo debemos decodificar esta imagen? Prefiero ver sus dedos reventados que su mano extendida pidiendo limosna, en las calles de Managua o San Salvador. No sabe lo que hace, es sólo un niño; es puro fanatismo. ¿O no lo es? ¿Acaso el gobierno que engendra tal coraje en un niño debe ser abandonado por el pueblo, derrotado, destruido?

Los hombres y mujeres que lloran a sus muertos no están castrados, lloran y rezan, y luego vuelven a luchar. La muerte no engendra miedo y pasividad, engendra rebelión, esperanza en el futuro –el derecho a decidir la forma de ese futuro.

El significado de estos cuerpos no está en la foto, sino fuera de ella. Hay muchas posibilidades, muchos ángulos desde los que fotografiar un cadáver. Es algo estático. Son imágenes congeladas y puedes moverte alrededor de estas mujeres, niños, hombres. Estaban en movimiento, vivos, cuando fueron alcanzados por una bala; están inmóviles ahora que les dispara una cámara. Lo difícil es estar allí, en El Salvador, estar allí como fotógrafa que sabe leer los signos de la muerte. Todo sucede alrededor, fuera de estas fotos. El Estado represor podría aparecer en cualquier momento. La fotógrafa está captando la declaración hecha por un cuerpo que desafía al gobierno. El riesgo, aunque mucho menor que si uno es nativo, lo asume una estadounidense que espera que sus fotos no pierdan demasiado de su significado original. Esa es la agonía de Susan Meiselas. La agonía de su obra. Imágenes atrapadas en dos discursos.

La mayoría de las fotos tomadas en el Norte son autorreferenciales, dependen en gran medida de lo que ocurre dentro del encuadre. Son imágenes construidas o representadas para la cámara. Y a menudo son autorreferentes. Las fotos de Susan Meiselas tienen un referente histórico, social, político y moral. Y por eso la autora desea desaparecer, perder su rostro. Por razones de seguridad, así como de respeto a una causa moral de la que sólo pretende ser testigo.

«Vas para descubrir la naturaleza de algo, no a probar algo», declaró Susan al *Soho News* (20 de mayo de 1981). «Cuando veo represión, a la escala que lo hago, respondo humanamente, pero intento documentar cómo responde la gente, no cómo respondo yo. Como fotógrafa, una es testigo y documenta lo que ocurre. Si la gente acaba pensando simplemente que estas son mis fotos, he fracasado en lo que era realmente importante». La foto que ilustra esta entrevista no es el típico rostro sonriente o concentrado de la autora. Susan se niega a prestar su imagen, nada con que se la pueda reconocer e identificar, ni a promoción mediática alguna de su obra. En la foto que nos ha cedido la vemos alejándose de la cámara, con la cabeza inclinada en señal de meditación; se distancia de la cámara y se adentra en el denso paisaje centroamericano. La única nota tierna que me devuelve el rostro de la fotógrafa moral que es Susan es su cabello rubio trenzado entre sus frágiles escápulas.

Hay un elemento trágico en la obra y en la forma en que Susan Meiselas se posiciona. En Occidente es difícil decodificar la fotografía dentro de un código ajeno, es casi imposible no ser autorreferencial, y aún más difícil dejar que la forma quede en un segundo plano. No quiero hablar de sus habilidades técnicas, de su cálido distanciamiento, del sencillo rigor de su composición, de la profunda riqueza cultural de sus imágenes: todo está ahí para hacer su mensaje más transparente, más profundo y tan directo como puede hacerlo una fotógrafa en la segunda mitad del siglo.

Estas fotos no están en el arte, estas fotos están en la historia. Estas imágenes no las salva Susan Mesiselas; estos cuerpos son rescatados —si es que es posible una supervivencia tan monstruosa— por la sociedad. «Si no creemos en Dios», como escribió y vivió José Martí, «creemos en la historia».

No he querido ir más lejos. Mis palabras no pueden añadir nada a estos cuerpos, no pueden dar sentido a las fotos de la guerra en Centroamérica de Susan Meiselas. Tú sí puedes, *hypócrite lecteur, mon semblable, mon frère!* Es demasiado triste, demasiado trivial, seguir decodificando estos cuerpos que nos lanza Susan. Y también es demasiado fácil sentirse culpable por estar vivo, por sobrevivir, por mirar y escribir sobre *mis hermanos muertos* con relativa seguridad.

Cuba me hizo así[1]

1

Hace caso veinte años, tuve la imprudencia de escribir algo
sobre cómo nos ven en el Norte y cómo nos vemos a nosotros mismos en el Sur. Ese diálogo salió publicado con un
título descriptivo, aunque torpemente formulado: *La imagen
fotográfica del subdesarrollo*. Acabo de releerlo, y cruje con
el sonido y la furia de los años sesenta. ¿Qué parte de eso ha
sobrevivido y qué parte ha muerto?

La fotografía ya no es la Cenicienta del cuento de hadas
de la crítica. Dentro de las artes visuales, ahora tiene su
propio cuerpo de ideas, su salón de belleza e incluso una
gramática incipiente. Un discurso respetable que le permite
mirar y ser mirada en galerías y museos.

Perdón por la ironía. Es la pregunta irritante de dónde
y cómo se respira la atmósfera de la cultura. Los latinoamericanos nos quejamos cuando se nos cierran las puertas
y nadie quiere escucharnos, y si luego se abren algunas
puertas y nos observan con atención, sospechamos que
estamos siendo manipulados y convertidos en bufones de la
corte. El mundo es impuro —y deberíamos alegrarnos de no

1 Blonsky, Marshall (ed). *On Signs*. The Johns Hopkins University Press,
   Baltimore, 1985, pp. 384-403.

ser ángeles—, pero si la vida está siendo usada, saber usar es creación. La fotografía está de moda, y eso nos alegra.

«La fotografía —escribí entonces— ha engañado al mundo. No hay fraude más convincente. Sus imágenes no son más que la expresión del hombre invisible que trabaja detrás de la cámara. No son realidad, forman parte del lenguaje de la cultura».

Hoy, insistir en que «realidad y fotografía no son lo mismo» sería ir demasiado lejos. Roland Barthes y Susan Sontag han hecho por la fotografía lo que aquellos de nosotros en las periferias de la cultura occidental solo hubiéramos soñado ofrecerles: han definido y examinado minuciosamente sus operaciones culturales y su ambiguo impacto espiritual.

La fotografía no es la realidad, pero sí tiene una relación especial con la realidad. Es otra de las mentiras verosímiles del arte, como pensaba Picasso. Pero no estaría mal otorgarle a esta mentira un lugar especial.

Me interesa el espacio (una palabra que no habría usado hace diez o quince años) de la fotografía y la manera en que funciona. Si en aquellos días reinaba una triste ignorancia, hoy una competencia crítica excesiva puede, con sus sutilezas, lograr que la imagen evidente se descomponga y se evapore. La realidad física es el material bruto específico de la fotografía. El entorno, las personas, los objetos están físicamente presentes —encontrados, sorprendidos, colocados o arreglados—, están fuera, delante de la cámara, no en la memoria.

Veamos un ejemplo:

«Mientras lo miraba, se preguntaba por qué un rostro enfermo —que en esencia no significa nada— resultaba tanto más horrible de contemplar que un rostro cuyos tejidos están sanos, pero cuya expresión revela una corrupción interior. Port diría que, en una época no materialista, no sería así. Y probablemente tendría razón». La protagonista de la novela *El cielo protector* de Paul Bowles está contemplando el rostro de un mendigo norteafricano.

Ese rostro enfermo, o ese rostro de tejidos sanos, es el punto de partida de la fotografía.

El novelista pudo haber registrado o inventado la escena, pero el fotógrafo solo pudo haber estado allí, robar la realidad y arrancarle el rostro al mendigo.

La existencia de la cámara fotográfica permite que la intervención del ser humano se reduzca al mínimo, pero al mismo tiempo lo obliga a imponer su presencia en el momento de la creación, a establecer una relación viva con el sujeto y a iniciar una lucha cuerpo a cuerpo. Desaparece tras la mirilla, pero no puede separarse de la puerta. Su ausencia es su presencia.

El mundo material inagotable y la cámara —el artefacto negro de la profesión— crean un nuevo espacio para la fotografía, un espacio propio, una fisura que desde ahora siempre pertenecerá al fotógrafo.

No hay arte más terrenal que la fotografía. Junto a ella, el cine es tierra de sueños, una mezcla de tiempo y espacio, una ensoñación en la oscuridad. Luego vienen la danza, el teatro, la pintura, la literatura y la música. La fotografía siempre está a la misma temperatura que el planeta.

Y todo se manifiesta en el intérprete de las fotografías: en la reacción de los espectadores ante la violencia fotográfica; en la penetración perceptiva de la imagen y su efecto en el campo de la conciencia. Volvamos a nuestro tema específico y continuemos con lo que escribí en 1966:

> La fotografía está estrechamente ligada lo mismo a los intereses económicos y políticos que a los sueños y al arte. La imagen fotográfica del subdesarrollo, por ejemplo, incide constantemente sobre nuestra experiencia y

es un ingrediente decisivo en nuestra visión del Tercer Mundo. Vivimos en ese mundo y no sabemos bien hasta qué punto nos condiciona la mirada fotográfica del otro. Nos pensamos muchas veces a partir de fotos de prensa y propaganda y modas y de arte que pretenden expresar nuestro ambiente. La fotografía es un ingrediente cultural mucho más influyente y penetrante de lo que una gran mayoría de personas es capaz de discernir. El código visual –y aquí uno no puede más que estar de acuerdo con Barthes: depende del lenguaje. Y el lenguaje, a su vez, depende de la acción social, sin apartarnos de ciertas formulaciones fundamentales del marxismo.

(DESNOES, 1966)

La fotografía es un índice de valores. Tanto en su producción como en su consumo. Las fotografías son materia en movimiento cultural. Para vivir, incluyen su tiempo y su espacio. El análisis o la contemplación de las fotografías como objetos en sí mismos, independientes de su contexto, fuera del sistema de circulación social, es una ilusión, una trampa metodológica. No hay gran diferencia, y no deberíamos, o más bien no podemos, separar el mirar del ver, la percepción de lo percibido. Lo que nuestros ojos proponen y lo que vemos. Las fotografías son detonadores. Estallan dentro de nosotros. Somos la mirada y lo mirado. El observador y el observado.

2

Lo que observamos hoy en el Tercer Mundo ha cambiado poco desde mediados de los años sesenta —eso, si nos guiamos por la industria del turismo. Los folletos de viaje siguen insistiendo en una utopía fotográfica de playas interminables, desiertas, sin contaminación. Podemos viajar con nuestra pareja, o encontrarla en el hotel —la fotografía no aclara este punto—, pero el mar, ondulado por la brisa, y la suave arena blanca son evidentes y reales, como también lo es la sombra protectora de las palmeras que han crecido a la distancia justa para que podamos colgar nuestra hamaca y relajarnos. Solo falta comprar el boleto de avión y hacer la reserva en el hotel. Pocos cambios se han visto en estas fotografías en los últimos diez años. Forman parte de un método publicitario conservador y eficaz. Nuestro Caribe sigue siendo un paraíso tropical.

Si aparece algún habitante del paraíso, es fotografiado para mostrar que los nativos son serviciales y poseen una belleza inocente y exótica. Si no podemos viajar, entonces una fotografía nos ayuda a viajar como consumidores. Los productos de nuestro mundo son puros, libres de contaminación química; manos negras sudorosas separan las dos mitades de un saludable coco verde, y de su corazón emerge una botella blanca de licor CocoRibe. Naturalmente, el machete afilado no puede faltar en primer plano.

En los últimos años, junto al salvaje bien portado y al plantador tradicional, junto al producto local rentable, ha surgido una burguesía nativa y cosmopolita. La más reciente campaña publicitaria de los rones puertorriqueños nos ofrece una galería de profesionales elegantes de la burguesía nacional, con copas en la mano y sobre la mesa, hechas con ron de la isla. Arquitectos o domadores de caballos. Esta nueva y convenientemente joven burguesía es la designada para conocer y disfrutar el principal producto de su tierra natal. Es una campaña que también señala la creciente importancia y fuerza de la élite blanca nacional de una América de piel oscura.

Ciertos recursos publicitarios han desaparecido. Los años sesenta estuvieron marcados por fuertes sacudidas políticas radicales y guerras de liberación nacional en Asia,

África y América Latina. La publicidad entonces ayudó a neutralizar la ansiedad política. Al principio se valió del prestigio social, del impacto de las ideas revolucionarias; la revolución era un tejido, y los hombres vestían camisas y pantalones de tergal, con sombreros mexicanos y pistolas decorativas; solo el engranaje más resistente sobrevivía a la violencia legal; la revolución femenina era Popoff, la ropa interior que resaltaba las líneas sensuales del cuerpo. Las fotografías demuestran la eficacia comercial de una pseudo-realidad publicitaria.

«La publicidad basada en situaciones de confrontación política», señaló Umberto Eco ya en 1971, «está en declive. Una estadística reciente muestra una disminución del tema político, una señal evidente de que el público en general está entrando en una fase de tranquilidad proletaria e indiferencia centrista». La observación puede extenderse a todo el mundo capitalista; hacia mediados de los años setenta, se desarrolla en un giro agudo hacia la derecha. Por mucho que alce la voz, la publicidad sigue siendo un eco —y hay buenas razones para sospechar que desde 1968, el miedo ha dado lugar a campañas publicitarias tranquilizadoras.

Por el momento, es preferible bañarse con Vita-bath del bosque, entre helechos delicados y bajo cascadas refrescantes, como en un anuncio italiano: regresar a la condición del buen salvaje, guiado por un texto nostálgico reforzado por la fotografía, para que los hombres «se sientan como Tarzán» y las mujeres vuelvan a ser ellas mismas.

La revolución social pudo seguir siendo una necesidad, pero ya no estaba de moda; el miedo se vistió de desprecio. En el crepúsculo de los setenta, la moda jugaba con el petróleo árabe. Occidente contemplaba el mundo del petrodólar con temor y fascinación. Las modelos posaban como odaliscas sobre cojines suaves, y hasta una toalla podía convertirse

—al menos en las páginas de *Vogue*— en un casto y peligroso velo. Y de ahí a la tranquilidad social, conservadora de la pobreza, de la India y su misterio desgastado. Volvieron a posar frente a elefantes (aunque Richard Avedon ya había colocado a Dovima entre dos elefantes en 1955), o frente a camellos, para variar.

Hoy, la revolución en Estados Unidos ya no se relaciona con el sexo, como durante los años sesenta, sino con la comida. La comida es la obsesión sexual de los años ochenta. La portada de la revista *New York*, del 1 de agosto de 1983, se refiere al nuevo orgasmo conservador: la comida —«Ya has probado sushi, falafel, dim sum, hamburguesas con tocino y pollo tandoori. Ahora es el turno de la Revolución Mexicana». En la mesa, comiendo junto al gringo, se sienta un taciturno sobreviviente de las tropas de Pancho Villa. La comida es tan picante como la revolución: y mientras comen bajo ese título ardiente, la revolución en Centroamérica es apenas un eco distante, una de las posibles connotaciones de la imagen. Domesticar al bárbaro, al pagano, ha sido un lucrativo juego. Algunos países del sur serán absorbidos por la atractiva piel de la sociedad de consumo; otros encontrarán su propio camino. Pero el aspecto más lamentable —quizás inevitable— es la interiorización, en los países subdesarrollados, de la visión metropolitana, y el desperdicio de oportunidades fotográficas para afirmar nuestra identidad y crear o reflejar valores adecuados. Crear valores, y disputarlos si están vacíos —esas son las dos caras de la actividad cultural.

Las fotografías de moda son un campo aún más crítico, ya que la ropa hace al hombre. Nuestra manera de vestir —las fotos de moda en nuestras publicaciones— realmente transmiten valores populares e identidad cultural. En nuestro continente, las fotografías de modelos vestidas (e incluso desnudas) imitan como loros cuando exageran colores, o como monos cuando copian los estilos de París o el capitalismo dinámico de Nueva York. Las revistas latinoamericanas, desde el Río Bravo hasta la Patagonia, operan en el fértil terreno de una clase media subordinada a los centros industriales del capitalismo, y son una advertencia para los países de África y Asia que todavía tienen la capacidad de aprender de los errores ajenos. Estos dos continentes todavía conservan una identidad fuerte en su indumentaria, adaptada a las realidades culturales y climáticas de cada región.

La fotografía, por su relación especial con la realidad, juega un papel decisivo en este sueño implacable. Un sueño fabricado y condicionado por intereses bajos, pero con un rostro creíble gracias a la bendita o maldita fotografía. El mundo de la publicidad, la moda tal como la conocemos hoy, colapsaría sin ella. La pintura y la palabra escrita carecen del encanto realista de una fotografía.

Cuando era joven en Cuba, vi el mundo, la historia, a través de imágenes fotográficas. La historia ocurría donde se tomaban fotografías. Recuerdo lo absurdamente emocionado que me sentí, a los veinticuatro años, cuando vi la isla en *Harper's Bazaar*. «Volando hacia Cuba»; ¿quién está arriba y quién abajo en una tierra redonda? Sentí que la modelo sin pulpa validaba la isla al venir a hacer turismo y a ser vista en una revista que daba sentido a todo lugar donde ella aparecía.

Incluso el discurso del viaje era convincente, secuencial: el Ángel anunciaba nuestra existencia al aterrizar en el aeropuerto de La Habana; la prueba estaba ahí: la pista, el fuselaje del avión, su maleta cara. Un Cadillac de Amber Motors, en La Habana, llegaba para recogerla. El Hotel Nacional, la Plaza de la Catedral, los cañaverales, las peleas de gallos. Era verdad, porque yo reconocía el fondo; ella era hermosa porque era poderosa (su nombre nunca aparecía en los pies de foto, solo el precio de las prendas). Estaba siendo colonizado culturalmente por la Anunciación.

Si la imagen tenía la fuerza de la existencia física —sin importar cuán imposible fuera la modelo como complemento de la afirmación fotográfica—, el texto del reportaje fotográfico revelaba la urdimbre de relaciones arbitrarias. El fondo cubano para la moda se justificaba porque, por ejemplo, los colores «coincidían» con los de la escena cubana. «Forro blanco daiquiri. Ese blanco dorado batido que espumea en el borde de tu daiquiri Bacardí», y «debajo, marrón intenso y penetrante —marrón tabaco». Las palabras revelan el truco de un significado que las fotografías ocultan en su física fabricada.

«Nativo en escena», un tríptico fotográfico a doble página, realza a la modelo empacada mientras se digna a charlar con campesinos sonrientes, desdentados y andrajosos. La modelo, como las damas de la corte española, usa criaturas desgastadas para realzar su belleza.

Lleva guantes blancos para evitar los parásitos peligrosos que se alojan bajo las uñas en los trópicos, mientras habla con un niño, mientras mira hacia abajo a una niña, mientras un anciano arrugado admira su presencia andrógina. O posa frente a una carreta de bueyes mientras muestra su ropa fresca y serena y bendice la pobreza, extendiendo los brazos, palmas hacia fuera, como santa o maga.

Cuba —entonces una colonia económica de Estados Unidos— me hizo ver la flor de trapo; Cuba —como país empeñado en construir una sociedad socialista— me hizo apreciar el fruto, la herida oculta tras la espuma de un daiquiri. Yo decodifico dentro de un contexto cultural. No puedo evitarlo, Cuba me hizo así.

3

Solo unos pocos intentos, en fotografías de prensa y reportajes, logran revelar el verdadero rostro del mundo, la cicatriz oculta bajo la espuma. Se tienden trampas por costumbre.

La verdadera cicatriz de África, una de las heridas más profundas del mundo, es obra del hombre blanco en nombre de la civilización europea; sin embargo, persiste la insistencia en la barbarie negra, en el salvaje de piel oscura como asesino irresponsable. La habilidad mostrada en las fotografías de los blancos inocentes de Kolwezi —esa espuma del mundo, esos cuerpos inertes, rubios, de piel blanca, pudriéndose entre el equipo destruido del campamento minero— es prueba de la eficacia de la prensa, de su poder de empatía en el mundo capitalista insolente. Junto a la fotografía a todo color de los cadáveres lívidos, debía haber, por supuesto, una reproducción en blanco y negro de los verdaderos heridos del continente, forzados a postrarse en el suelo ante soldados de la inquisición francesa. Estas dos páginas de *Newsweek*, publicadas el 5 de junio de 1978, son un tratado admirable sobre la sabiduría fotográfica de los históricos asesinos.

Y para hacerte gritar de risa, está la grotesca coronación de Bokassa, en pleno color imperial, con su uniforme, posando con arrogancia en su trono napoleónico. El ingenuo salvaje repite la historia como farsa. El reportaje aprovecha el contexto para reforzar los prejuicios y mitos profundos de la cultura occidental.

En octubre de 1978, *Life* publicó un artículo sobre el Sha de Irán y su familia real. En la última página, un general recién llegado de Teherán recibe instrucciones del monarca. Todo está en orden, hasta el punto de la reverencia. Luego, una explosión: pero la prensa estadounidense informa que las fuerzas armadas tienen la situación bajo control, que se trata de una simple revuelta popular. El ejército siempre logra dispersar a los manifestantes. Baktiar se mantiene firme, y se deja fotografiar junto a un retrato de Mossadegh. La zanahoria y el garrote. Los tanques patrullan las calles tranquilas. El Ayatolá Jomeini ni se ve ni se menciona. No existe.

Así es como se escribe la historia. Los lectores siempre están informados por lo que la prensa quiere ver y decir con fotografías. Y aunque desinforme, no pierde credibilidad. Las noticias y fotos de ayer son olvidadas. Es una ausencia. Es la trampa final. Las mentiras de ayer son siempre la verdad de hoy.

Frente a la pseudo-realidad fotográfica, uno solo puede confiar en la memoria y en una inteligencia inconsolable.

La rebeldía en el Tercer Mundo ha pasado a los centros urbanos sin abandonar las zonas rurales; de Beirut y Teherán a Soweto y San Salvador, las masas salen a las calles, queman los símbolos de la colonización consumista y desafían la represión militar. Es una nueva realidad revolucionaria, un nuevo rostro fotográfico.

Nicaragua, por la crueldad feudal de Somoza, contó por un momento con la simpatía del mundo. Las fotos de los jóvenes de Masaya, León, Jinotega y Matagalpa nos llenaron de asombro. El pañuelo del bandido se ha convertido en el uniforme de la revolución urbana en Centroamérica. La pistola se suma al fusil, y las máscaras de carnaval protegen la identidad del nuevo guerrillero urbano. Las fotografías de Susan Meiselas, tomadas dentro de los pueblos liberados y no desde atrás ni siguiendo los pasos de la Guardia Nacional, nos sacuden con su textura sensual y nos atraviesan por su simpatía política. La tensión es abrumadora. La posición del fotógrafo y el ángulo de las fotos de prensa son lo más difícil de neutralizar: aunque no imposible.

Estas fotografías siguieron dos caminos: cayeron sobre el almohadón de las publicaciones establecidas, y circularon en proyecciones organizadas para recaudar fondos que permitieran continuar la lucha contra Somoza. Un fotógrafo solitario, sin importar lo que digan sus imágenes, es impotente si no actúa dentro de un contexto definido, si no hay detrás de sus imágenes la presión de otros cuerpos. Si hace cinco años las fotos de la revolución en Nicaragua apoyaban a los sandinistas, hoy las fotos de la revolución en El Salvador se usan contra los rebeldes. Y, sin embargo, es la misma revolución centroamericana.

Las publicaciones menos engañosas reconocen un partido político, una postura declarada; pueden equivocarse —y a menudo lo hacen—, pero sabemos de antemano cuál es su punto de vista.

Cuando leemos el periódico *Granma*, tenemos en las manos el órgano oficial del Partido Comunista Cubano; entendemos por qué una foto de una brigada cortadora de caña que ha tumbado un millón de jugosos tallos ocupa más espacio que una de Carter, Giscard, Callaghan y Schmidt en la cumbre de Guadalupe en 1979. Es un juicio de valor, y estas imágenes cotidianas corresponden a un plan social bien definido y motivado conscientemente.

La década del setenta se abre con una figura irreprochable en el Palacio de La Moneda. Salvador Allende ocupa legalmente la presidencia de Chile bajo todas las disposiciones de la ley. Su noble retrato aparece repetidamente en las páginas de la prensa mundial, mientras millones de rostros y cuerpos chilenos saltan a las calles, sin armas, para mostrar que no están muriendo de hambre. La tragedia se resume en dos momentos imborrables: el incendio del Palacio de La Moneda, y el presidente digno con casco blanco, empuñando un fusil que le regaló Fidel, y con esa imagen defiende sus palabras: «No estoy hecho de la madera de los mártires, soy un simple luchador social, pero quiero que quede claro que estoy cumpliendo el mandato del pueblo, y que para sacarme del Palacio de La Moneda tendrán que sacarme muerto».

Hasta aquí las fotografías de prensa.

4

Existe un tipo de fotografía que tiene una presencia refinada en la historia de las imágenes tomadas de la realidad. Es la fotografía artística como mentira. Transciende la fluida realidad y crea una unidad cerrada. Cuando alcanza una síntesis estética, alcanza de inmediato una unidad mítica. Las fotografías de Cartier-Bresson tomadas en Indonesia, por ejemplo, tienen un efecto paralizante. Uno se siente obligado a creer en la perfección del original y de la realidad; la imagen es una entidad armoniosa en sí misma. «No cambie usted absolutamente nada», siente uno la necesidad de exclamar, como un turista estúpido en cualquier país 'exótico y primitivo'. La arquitectura cerrada de la imagen es una belleza que tiende, como pensaban los griegos, a ser su propia justificación. El arte frecuentemente crea un mundo confortable que se desprende de la acción y se vuelve independiente de ella. Las fotografías de Weston, por ejemplo, están más cerca del mundo de la pintura que del mundo activo que caracteriza a la fotografía impura. La textura sensual de Weston o la composición implacable de Bresson tienden a cerrarse sobre sí mismas, logrando la perfección de un cierto éxtasis sensual y armonioso. Vemos texturas, volúmenes, equilibrio... y la realidad, abierta y desgarrada, se pierde y se trasciende. Imágenes autosuficientes, perceptiva y culturalmente, como *Las Meninas* de Velázquez: irreprochables en su propio espacio.

Hay otra forma de escapar: los efectos logrados a través de una interferencia excesiva al tomar la fotografía, y sobre todo al procesarla en el cuarto oscuro. Efectos que rompen la conexión obvia y reconocible con la realidad física.

Al salir del abrazo de la realidad, las fotografías no flotan en una tierra de nadie: cruzan la frontera y se rinden al mundo de la pintura. Son percibidas y analizadas dentro de una sensibilidad refinada por la pintura: textura, composición, equilibrio y tensión espacial, armonía eterna. Si la pintura es ya ese mundo arquetípico de verdad absoluta y eterna, la fotografía gobierna el campo de lo contingente, lo temporal, lo roto, lo disperso, lo interrumpido.

Esta, grosso modo, es la forma de leer el tipo de fotografía que ha madurado en nuestro tiempo: una composición inestable, un espacio desarraigado, una luz interceptada. La otra forma de producir imágenes, de buscar imágenes cerradas y organizadas, pertenece al reino de la pintura. Desde un desnudo de Weston hasta una pared derrumbada de Enrique Bostelmann. Es fotografía, pero la leemos como pintura.

Esto no es una excomunión absurda, es una distinción. Asignemos, por el momento, a los cánones establecidos de la pintura la fotografía que anhela la realidad fluida. Un género fotográfico que en absoluto debe ser despreciado, y que merecería un análisis separado, tanto por el placer como por el asombro que a veces nos ofrece. La avidez del hombre moderno es constante porque es insaciable: nadie, especialmente hoy, se resigna voluntariamente a limitar su consumo. Y no hablemos del latinoamericano, quien, con su amplio contexto y presiones culturales, tiene una curiosidad universal bien expresada por Pablo Neruda: «Soy omnívoro de sentimientos, de seres, de libros, de acontecimientos, y de luchas. Me comería la tierra entera. Me bebería el mar entero».

Este vasto y reconocible vínculo con la realidad tiene una importancia especial para la fotografía crítica del sur emergente. Nuestra América (Latina, no la Anglo), particularmente ahora que su desarrollo económico, político y cultural le permite hablar con vigor en pie de igualdad, requiere del peso del planeta. Ahora que podemos recorrer el mundo como indios exóticos o negros serviciales, debemos desarrollar la fotografía como actitud crítica que revele y oriente un mundo que puede ofrecer una alternativa posible, otra realidad, frente a la visión y concepción cultural eurocentrista y estadounidense. No solo vivimos otros problemas económicos y sociales, sino que los vivimos de manera diferente.

Somos reconocidos por la imaginación artística, la fuerza elemental y la exuberancia creativa. He otorgado cierto peso al discurso teórico e ideológico en este ensayo porque es menos importante afirmar nuestra presencia que definir nuestra mirada. Nuestra crítica y pensamiento han consumido nuestras energías creativas desde Simón Bolívar hasta Fidel Castro, en la lucha por la independencia política. «No hay literatura que exprese nada» — extiendo las palabras de José Martí a la cultura en su conjunto — «mientras no haya una esencia en ella que deba expresarse». «No habrá literatura hispanoamericana mientras no haya Hispanoamérica».

Si juzgamos la fotografía de nuestro continente —la más avanzada y consciente del sur del mundo— por algunos de sus ejemplos más notables, podemos reconocer que, por un lado, satisface ampliamente los requisitos de una visión crítica y orientadora y, por otro, da muestra de una sensibilidad abierta a todas las corrientes.

Estas fotografías se han liberado de ciertos mitos profundos y recurrentes que se nos han impuesto y que a veces interiorizamos: arquetipos que nos han acompañado desde la Conquista. En fotografías de prensa y publicidad, por ejemplo, es obvia la imagen del salvaje noble o el caníbal atroz. O somos inocentes y dóciles, viviendo en sorprendente armonía con nuestro entorno, o esta belleza natural se convierte en el gesto feroz del salvaje irracional, que manifiesta su descontento volcando automóviles y prendiendo fuego a tiendas y oficinas de procónsules, incapaz de comprender la influencia civilizadora de Europa y Estados Unidos. O somos nobles ejemplos de la Utopía, o somos seres inferiores sin alma, incapaces de integrarse al mundo moderno: loros dóciles o jaguares peligrosos.

Tres nativas amigables se ofrecen sonrientes al colonizador en una revista para adultos, *Hustler*. La metáfora no podría ser más elocuente. Las mujeres se abren, se entregan voluntariamente al nuevo Dios. Una doble opresión, como nativas y como mujeres. ¿Podría este posado fotográfico no explicar por qué muchas organizaciones de mujeres en Estados Unidos apoyan la revolución en América Latina?

En el campo de la fotografía artística, los mitos persisten por eterno retorno: la inmensidad de la naturaleza, la vastedad de ríos, llanuras y montañas; la delicada belleza del colibrí o la voracidad interminable de la boa constrictor; la belleza utópica de civilizaciones destruidas por la Conquista; ruinas con gente arruinada, que sin embargo son merecedoras en sus hermosos harapos hechos a mano.

Cuando algunos de estos temas aparecen, su carga idealista y exótica puede neutralizarse si están situados en un contexto histórico y social específico. O bien pueden convertirse en símbolos, como la fotografía de la iglesia colonial destruida y sin techo del mexicano Renato von Hanffstengel; la choza típica arrasada por el fuego en la desolación patética del desarrollo turístico de Brasil, captada por Adriana de Queirós.

El indígena urbanizado afirma su tozudez ante una pared que grita Coca-Cola; como madre con su bebé a cuestas, sentada en la acera con su mercancía miserable de subsistencia, sufre bajo la mirada circunspecta y clásica de una escultura de piedra blanca que adorna tantos parques y residencias del Nuevo Mundo; e incluso aparece con satisfacción de clase cuando se sienta en la silla del colonizador, frente al fotógrafo Pedro Meyer. Los negros y mestizos son hombres y mujeres en las fotografías de la panameña Sandra Eleta; ser hombre y mujer no es cosa fácil para los latinoamericanos que sostienen el continente. Fotografiar hombres y mujeres, como hombres y mujeres, es aquí una hazaña positiva y vital.

No es una visión fácil. Implica un conocimiento que es erótico y a la vez racional. El eros del conocimiento debe unirse con el logos de nuestro mundo. Sin conocimiento, intuitivo o consciente, de la estructura del mundo que nos rodea, estamos perdidos.

Alejo Carpentier, al abordar los problemas actuales de la ficción latinoamericana, abrió los ojos hacia el continente:

> Alguien ha escrito una novela sobre la selva después de haberla mirado un par de días. En cuanto a mí, creo que ciertas realidades americanas, por no haber sido explotadas en la literatura, por no haber sido nombradas, requieren un proceso prolongado, vasto y paciente de observación. Y que quizás nuestras ciudades, por no haber entrado aún en la literatura, son más difíciles de manejar que las selvas o las montañas.

Carpentier habla de la novela, pero también convoca a nuestra fotografía.

Nombrar las cosas puede ser confuso y cansado para el lector de novelas.

La fotografía, con su inmensa ambigüedad visual, su capacidad para abarcar tanto en el breve tiempo que se tarda en absorberla, es distinta.

Nuestras ciudades *no tienen estilo*. Y sin embargo, comenzamos ahora a descubrir que poseen lo que podríamos llamar un tercer estilo: el estilo de las cosas que no tienen estilo... Lo que sucede es que ese tercer estilo, al desafiar todo lo que hasta ahora se consideraba buen y mal estilo — sinónimos de buen gusto y mal gusto— suele ser ignorado por quienes lo contemplan a diario, hasta que un escritor o fotógrafo astuto lo revela... Es difícil revelar algo que no ofrece información previa en los libros, un archivo de emociones, contactos, exclamaciones epistolares, imágenes y enfoques personales; es difícil ver, definir, sopesar algo como lo que fue La Habana, despreciada durante siglos por sus propios habitantes, objeto de denuncias de tedio, deseos de fuga, incapacidad de comprensión.

Esta necesidad, aunque pueda manifestarse como pura escenografía, responde a una necesidad real de nombrar nuestras cosas y situarlas en un contexto real.

La coexistencia de personas de una misma nacionalidad pertenecientes a diferentes razas —indios, negros y blancos— de distintos niveles culturales, que muchas veces viven simultáneamente en distintas épocas si consideramos su grado de desarrollo cultural... El contexto político y militar de América Latina tiene implicaciones inagotables. Aunque debe tomarse en cuenta, hay que evitar caer en una literatura fácil y declamatoria de denuncia... Deben establecerse conexiones válidas entre el hombre de América y contextos telúricos, sin recurrir a la explotación — en cualquier caso, desacreditada — de los colores vivos del rebozo, el encanto del sarape, la blusa bordada o la flor en la oreja. La distancia es otro contexto importante, al igual que la escala de proporciones. Las dimensiones de lo que rodea al hombre americano... La desproporción es cruel en tanto choca con el módulo, la euritmia pitagórica, la belleza del número, la sección áurea.

Todo esto tiene que ver con la fotografía.

El fotógrafo latinoamericano tiene la posibilidad —y los medios— para nombrar las cosas de nuestro mundo, para demostrar que existe otra clase de belleza, que los rostros del Primer Mundo no son los únicos.

Esos rostros indios, negros, blancos saqueados y mestizos son el primer elemento que define el contenido demográfico de nuestra fotografía. Los conflictos culturales, económicos y sociales también son evidentes en muchas imágenes. Un deseo de nombrar nuestra realidad está presente en el esplendor oscuro de la mayoría de estas imágenes, así como la necesidad de rechazar la explotación de colores exóticos para no caer en una fotografía fácil y declamatoria de denuncia.

Los contextos militares y religiosos también aparecen en nuestra fotografía, sin caer en el panfleto visual. Como herederos de la colonización española, seguimos siendo países de soldados y sacerdotes. Pero, aunque los sacerdotes son privilegiados, muchos latinoamericanos son creyentes genuinos, devotos pobres de sincretismos de origen afrohispano. «El sufrimiento religioso es, por un lado, expresión de un sufrimiento real, y por otro, una protesta contra ese sufrimiento». La aguda observación de Marx se aplica hoy más a nosotros que al Norte. Las dos caras de la religión — opresión y escape — son, sin embargo, un poderoso refugio en esta década incierta y fluida.

No se puede decir lo mismo cuando encontramos a los militares en ciertas fotografías: es siempre la forma desnuda del poder, decidiendo destinos nacionales y reprimiendo aspiraciones genuinas, esas mismas aspiraciones que nos han impulsado desde las luchas de emancipación del siglo pasado. Esa cara activa y revolucionaria rara vez aparece. La rebelión del continente aparece en una fotografía de Allende en manos del pueblo chileno, y en el garabato frustrado de la palabra *revolución* en una pared áspera.

La revolución en el poder es la presencia de Cuba. Y, sin embargo, imágenes históricas aparecen en muchas fotografías cubanas: milicianos de Playa Girón, campesinos armados, manifestaciones populares, macheteros sudorosos más firmes que sonrientes. Las fotografías cubanas tienen la fuerza de la nostalgia, son imágenes históricas, impregnadas del espíritu de los años sesenta. La imagen de los años sesenta es la más poderosa y reconocida de Cuba. Es una visión real, pero ya estereotipada. La década de los setenta es visualmente casi desconocida. Basta de rascar la superficie, de nombrar las apariencias ausentes: los jeans del estudiante de secundaria en el campo, los cascos blancos de los miembros de las microbrigadas, las charreteras y gorras del uniforme militar. La aventura ha dado paso al orden. Las imágenes deben analizarse para una respuesta programada. La fotografía crítica de la vida cotidiana es inseparable del diálogo cultural.

El estilo de las fotografías cubanas se reconoce por una cierta frontalidad candorosa. El fotógrafo parece detenido frontalmente ante una realidad poderosa donde la lucha es tan evidente como una sonrisa abierta, donde la homogeneidad social produce una fotografía de pura denotación, sin connotaciones remotas. Son testimonios que se abren como frutos en la sonrisa de Nicolás Guillén o del trabajador con su machete en mano y sus trofeos en un vasto campo de caña cortada. Mayito y Marucha logran trascender esta frontalidad ingenua con arte.

«Yo diría que no es casual que las fotografías menos regionales — las más claramente relacionadas con la fotografía internacional, tanto en tema como en el tratamiento del tema — se hagan en México y Brasil, los países con mayor nivel de desarrollo económico, y donde la sociedad neocapitalista moderna ya es el estilo de vida de una minoría sustancial». Son fotografías auténticas de la colonización real.

El robo, como solía decir Picasso, solo se justifica si va seguido de un asesinato. En muchas fotografías descubrimos fácilmente al ladrón de gallinas. Gallinas de otro gallinero: paisajes urbanos desolados, travestis marginados, fragmentos de figuras, montajes surrealistas, texturas higiénicas, etc.

Tal vez el único caso excusable sea el de Francisco X. Camplís, con su fotografía de un desnudo chicano. Frente a los embates eróticos de las bellezas angloamericanas, nos ofrece la belleza femenina de su propia raza. Es una fotografía ambigua, tan ambigua como la difícil posición del artista chicano en los Estados Unidos. El propio fotógrafo lo reconoce:

> Soy muy consciente de la influencia, subliminal o no, de la avalancha de imágenes diseñadas en América sobre mi trabajo... Seguimos fascinados por lo europeo, por la gente güera, por la gabacha o la gringa y demás. En efecto, ayudamos a perpetuar el mito de que la belleza reside únicamente en criaturas rubias y de ojos azules.

Los fotógrafos latinoamericanos en Estados Unidos sufren —con mayor violencia— esas mismas contradicciones cuando se miran a sí mismos en el espejo.

El rostro y los rasgos son chicanos, pero todo el cuerpo responde a los estándares estéticos del Norte. Su estilo gráfico podría haber servido para especificar otro tipo físico: rostro fuerte, piernas cortas, caderas anchas. La fotografía es una dulce trampa. En un continente machista, marcado por definiciones sexuales rígidas y estancas.

En torno al polo social positivo se agrupan las fotografías de Paolo Gasparini, artista crítico comprometido con una de las tareas más difíciles de la fotografía latinoamericana: limpiar las telarañas doradas y sucias que entorpecen la claridad moral. Su obra se ha dedicado durante los últimos veinte años a los contextos reveladores de nuestro mundo del sur: la vasta geografía americana marcada por la explotación de sus recursos naturales y por los inmensos basureros del consumismo. La geografía que Gasparini nos muestra incluye no solo la tenacidad de sus hombres, sino también sus cementerios de cruces y plataformas petroleras. El dinero que reposa sobre las columnas neoclásicas de los bancos y la basura que muchos mestizos del continente transportan para poder vivir.

Hoy sus imágenes predican sobre diamantes y niños. Una serie está dedicada a la explotación de diamantes en Venezuela. Son imágenes del círculo infernal del saqueo. Tierra y hombres saqueados por manos lívidas e invisibles que crean un círculo vicioso que, en San Salvador de Paul, se consume como «un pequeño espejo en el que se concentra la historia de una humanidad perdida». Son sus propias palabras:

> Niños que miran sin mucho asombro cómo la riqueza se consume a sí misma, riqueza que genera pobreza justo allí, en el mismo lugar donde se cometió la ofensa, el crimen contra la naturaleza. El diamante se convierte en pobreza a pesar de la alegría de la prostituta, en la codicia y futilidad del intermediario.

Los niños, para Gasparini, han asumido el rol de testigos; niños latinoamericanos que heredarán lo que nosotros, los adultos, ya estamos revelando e imprimiendo en sus mentes.

Al llegar a este punto, Gasparini estalla en maldiciones. Su voz es la más desesperada de todas. «Cada imagen puede leerse de muchas maneras», comenta en relación con sus diamantes venezolanos.

En un museo finlandés, estas fotos pueden simular apetitos exóticos; en una revista europea o estadounidense formarían parte de otra 'cobertura'; en la Cuba socialista podrían ilustrar un artículo de Prensa Latina sobre las inconsistencias de la democracia; en casa de un amigo serían 'el cuerpo de María Luisa invitándote a acostarte'; a los ojos entrecerrados de algún curador de museo, la mano fuera de foco de esa misma María Luisa sería perturbadora; y para mí seguirá siendo una experiencia viva, un aprendizaje de la memoria que me lleva de vuelta al jardín de la infancia.

La perplejidad de Gasparini surge de la monstruosa distancia entre creación y distribución: entre la creación y la forma de consumo. Esta distancia, que erosiona o destruye la obra y la intención original, se acentúa y exagera más en la fotografía.

Sus imágenes están dispersas, no tienen la cohesión interna del cine ni la ubicación precisa de una sala de proyección. La ambigüedad de la imagen, incluso en el reportaje documental, exige definición, exige un contexto. Inevitablemente caemos en la trampa: ya sea la revista con sus columnas de texto, o el muro del museo con su tiempo y espacio asépticos. En una revista, la fotografía suele argumentar mientras informa; en el museo, se desprende de su anclaje histórico y social.

Los museos y galerías son un nuevo elemento; aumentan la distancia pero satisfacen una vanidad reprimida del creador de imágenes: ser reconocido como artista pleno en la sociedad. Sin embargo, la fotografía triunfa cuando «la foto de prensa se funde con las noticias del mundo, el retrato familiar con la vida cotidiana, y la foto de una revista o un libro con incontables tazas de café». Ese es el triunfo más grande y más ambiguo de la fotografía.

Pero el fotógrafo que tiene intenciones muy precisas se siente perdido. «¿Es capaz la fotografía de ofrecer una buena versión de la realidad? ¿Al menos una versión adecuada de nuestras intenciones? No lo creo, y ni siquiera estoy seguro de lo que realmente dicen las fotografías», concluye el desesperado Gasparini.

5

En todos nosotros palpita una cierta sobrevaloración de la fotografía, el arte y los medios masivos. La desesperación, la necesidad de confiarlo todo en la efectividad de la belleza creativa, la esperanza de concentrar todo en el contenido de un mensaje, es una ilusión, una forma de alienación. No es el arte, incluida la fotografía, lo que nos liberará, sino una revolución en nuestra manera de trabajar y vivir. Las fotografías y el arte son índices de valor. Son elementos para el diálogo cultural. Refieren a nuestra existencia, pero no son nuestra existencia.

No rechacemos la función estética y humanizadora. El arte trabaja con la perspectiva de colocar al hombre en el centro de su mundo: el ojo ha sido transformado en un ojo humano, así como el hombre se ha convertido en un ser social, un fin humano, moviéndose del hombre para el hombre.

No es, sin embargo, un elemento aislado.

La riqueza de nuestro mundo visual contemporáneo debe verse como un peligro: un mundo abrumador y opresivo. Un mundo que se manifiesta fundamentalmente a través de la imagen está a pocos pasos de la manipulación totalitaria. Las imágenes, el poder visual del capitalismo actual, como las construcciones rituales del antiguo Egipto, son maneras refinadas de inhibir y aplastar al hombre. He vivido más de veinte años con estas ansiedades. Estoy convencido de la eficacia del trabajo compartido y colectivo, y de la importancia decisiva del diálogo entre las personas. He aprendido mucho más conversando, en intercambios animados y discusiones colectivas, que mirando y leyendo el bombardeo de información que nos impone una pasividad dócil. Esa es la trampa de la pseudo-realidad.

Las fotografías en revistas y libros, o ampliadas en carteles y vallas publicitarias, tienen el poder limitado de una consigna, de una frase visual. No nos comprometemos dando nuestra palabra, no asumimos una posición real y meditada dentro del grupo. La imagen solo nos incita, no nos compromete. Habitualmente nos manipula. Para bien o para mal. La imagen visual tiene un valor limitado dentro de un sistema social y cultural.

El hábito griego del diálogo sigue siendo un principio liberador; y cuando este diálogo se haga universal entre los hombres y se base en el trabajo, en la acción coherente, solo entonces la imagen podrá jugar un papel humanizador.

El prestigio de la imagen visual está fuera de toda proporción. Las fotografías son ideas, recuerdos, sentimientos, pensamiento —y el pensamiento se dedica solamente a la muerte, a lo mecánico en la vida, a regularidades o distorsiones. La vida es primero acción, luego palabras, y una fotografía es muerte. Es una verdad instantánea que ya ha dejado de existir.

La fotografía nos ha enseñado a no retorcernos en torno a un discurso que siempre debería ser un diálogo abierto. Es lo que hemos sido, y no necesariamente lo que seremos. Somos ignorantes del futuro.

Hay uno, dos, tres caminos...

Seis estaciones del Vía Crucis latinoamericano[1]

América Latina es un zumbido de fondo, un zumbido que de vez en cuando se convierte en un grito estridente. Pero sea cual sea el volumen estereofónico, América Latina sigue siendo ininteligible para la mayoría de los angloamericanos.

El choque en el Nuevo Mundo comenzó hace más de doscientos años. Todo empezó con la derrota de la Armada Invencible en 1588, que marcó la derrota de la pasión latina a manos del pragmatismo anglosajón. «Los españoles y los angloamericanos son, propiamente hablando, las dos razas que se reparten la posesión del Nuevo Mundo», dijo Alexis de Tocqueville, una especie de tercero en discordia, en 1835, cuando predijo el desenlace de la lucha por el control del continente: «Los límites de la separación entre ellos han sido fijados por tratado; pero aunque las condiciones de ese tratado son favorables a los angloamericanos, no dudo de que en breve lo infringirán».

Las voces del Sur se oyeron brevemente en Estados Unidos: durante la Revolución Mexicana, cuando John Reed y Sergei Eisenstein fueron a cubrir la contienda; cuando el general Pershing entró en México para castigar a Pancho Villa. Pero todo acabó cuando Diego Rivera tuvo la osadía

---

1   Revista *Aperture*, nº 109. New York, Winter 1987, pp. 2-13.

de incluir a Lenin en su mural del Rockefeller Center. Nelson Rockefeller ordenó entonces retirar y destruir cada centímetro del mural. Unas décadas más tarde, otro estridente grito latino anunció la Revolución Cubana. Fidel Castro fue portada de *Time, Life* y *Newsweek* más de una vez. Y el Che Guevara se convirtió en un héroe de culto para los estudiantes insatisfechos de clase media, una anomalía que terminó cuando los líderes estudiantiles se reintegraron a la corriente dominante estadounidense. Un tipo de importación latina duró más: el tango, el bolero, la conga, la rumba, el mambo y la samba, que aderezaron la música angloamericana durante más de cincuenta años. Pero hoy en día, el sonido latino ha perdido gran parte de su forma y significado original de *big band*.

Uno de los elementos más sorprendentes de esta disputa en el seno del continente es lo bulliciosamente que se ha librado en el Sur, y lo silenciosamente que se ha desarrollado en el Norte.

El mundo latino sigue ocupando la mitad del continente, aunque este hecho quede oscurecido por el desplazamiento de los intereses estadounidenses —tanto económicos como culturales— hacia las naciones del Pacífico. No hemos desaparecido. Al contrario, Centroamérica se ha vuelto irritante: la frontera con México tiene 1.933 millas de inestabilidad, y veinte millones de latinos habitan a la sombra del Suroeste y las costas atlántica y pacífica de Estados Unidos.

¿Por qué tanta gente parece significar tan poco para la mayoría de los angloamericanos? Si dejamos de lado por un momento la amenaza del comunismo y el atractivo de las artesanías inca, maya y azteca, quizá podamos intentar romper la barrera del exceso ruido o del silencio absoluto.

La fotografía latinoamericana puede, tal vez, ofrecernos una entrada oblicua allí donde los volúmenes de historia, los estudios antropológicos y la literatura barroca ciertamente no han ayudado mucho. Dentro de la fotografía incluida en las páginas siguientes, los fotógrafos nos han dado los signos visuales de un código. El código es opaco, los signos son ilegibles, y sin embargo se trata de *photos à clé*, que nos permiten hacer seis paradas en el Vía Crucis de la imaginería latinoamericana. Otras posibles estaciones tienen una importancia regional limitada, ya sea histórica o estructural. Estas estaciones universales se entienden tanto dentro como fuera de la región: Revolución, Amor, Religión, Penetración estadounidense, Naturaleza, y Niños.

Estación I: Revolución. Comencemos con la Revolución Mexicana de 1910. Una nueva conciencia suele seguir a una amenaza, a un cambio básico, a un cambio en el poder. Y la Revolución Mexicana representó todo esto. Marcando para el mundo la aparición del sombrero, la holgada prenda blanca campesina, los huaraches y el fusil revolucionario, la Revolución Mexicana creó una identidad del héroe que se extendió casi hasta la Patagonia. Pancho Villa empezó a habitar el imaginario del angloamericano. En la pantalla, Wallace Beery se convirtió en Pancho Villa y cabalgó, hacia el papel activo de la imaginería latina, que se enriquecería a principios de los cincuenta con Marlon Brando, que se convirtió en Emiliano Zapata en una película de Elia Kazan.

Las noticias de la revolución se difundieron desde Emiliano Zapata, Pancho Villa y el pueblo de México a Latinoamérica a través de fotos, noticias y películas, y luego a Angloamérica, Europa, África y Asia, y de vuelta a Latinoamérica. Los fotógrafos latinoamericanos están condicionados por códigos visuales, pero estos códigos a menudo se establecieron en el extranjero. Los fotógrafos de México, Cuba, Argentina o Nicaragua, por ejemplo, ven la agitación social desde un punto de vista de experiencia histórica, centrándose en las contingencias físicas que les rodean, pero también alimentándose de lo que han visto en la prensa y los libros extranjeros, o de lo que les han contado fotógrafos, críticos o comisarios europeos o anglosajones.

La revolución —ya sea un golpe militar o un auténtico cambio socioeconómico— caracteriza a Latinoamérica en la conciencia anglosajona. Aunque convincentes y seductoras, como lo fueron las explosiones sociales en México y Cuba, las revoluciones en el Sur se contemplan mayoritariamente con temor. Si no malvada, o comunista, la revolución es extraña, ajena. Es algo peligroso y diferente, algo ajeno a los valores por los que se rigen los ciudadanos estadounidenses.

El Pacífico, a pesar de China y Vietnam, no se percibe como revolucionario. No se recuerda como un hervidero de intrigas políticas. En la fisura entre acontecimientos históricos y códigos perceptivos, Mao Tse-Tung es mucho más abrumador que Fidel Castro o Daniel Ortega, y sin embargo el código revolucionario se adhiere de forma más consistente a la carne de México, Cuba o Nicaragua que al cuerpo de China o Vietnam o Corea del Norte. Se podría atribuir esto a nuestra proximidad, a las raíces occidentales que fueron el legado de las creencias fanáticas de la guerra Hispano-Cubana, la Leyenda Negra y la Inquisición. Por el contrario, una atmósfera de misterio y buenos modales, de ceremonia confuciana, familia y orden imponía su hegemonía visual en el Pacífico. Ho Chi-Minh era el «Tío Ho».

Cuando la imagen de la Revolución Mexicana empezó a difuminarse por las promesas económicas de Brasil, Argentina y México, llegó la revolución cubana y restableció la importancia de la rebelión sureña. Ésta, seguida por la deuda regional y la revolución nicaragüense, se contrapuso al crecimiento económico «ordenado» de la cuenca del Pacífico, y consolidó nuestra imagen revolucionaria. El fusil y el sombrero mexicanos, Fidel Castro y su barba, el Che

Guevara y su boina, el uniforme de faena de los marines que se metamorfoseó en el uniforme rebelde de América Latina están marcados en la conciencia del resto del mundo. Las imágenes transmiten un mensaje contra la codicia económica y la sociedad de consumo. Pero los años ochenta —económicos, conservadores y narcisistas—, han conspirado para amortiguar el impacto visual de la revolución en Nicaragua y otras partes de América Latina.

Estación 2: El Amante. Hay que volver a centrarse en el *latin lover* para comprender toda su genealogía. Sus raíces se encuentran en las películas de los años veinte, seguidas por las estrellas de los cuarenta y cincuenta, por César Romero y Carmen Miranda y por el playboy Porfirio Rubirosa (que triunfó junto a Kim Novak, Zsa Zsa Gabor, Barbara Hutton y otras), y se mantuvo vivo gracias al turismo estadounidense «al sur de la frontera». La mitología del amante latino alcanzó tales proporciones entre las mujeres de la puritana América anterior a los sesenta, que *Esquire* publicó un artículo antes de la guerra, publicado genéricamente como *Los latinos son pésimos amantes*:

«No sólo son bajitos, sino también delgados, con hombros estrechos y caderas anchas; en otras palabras, como los pantalones de la época Flapper: de campana. Sus dientes —si los tienen— son muñones deshilachados o deslumbrantes de oro. Llevan sombreros Kellys de paja demasiado grandes o demasiado pequeños, trajes mal ajustados y zapatos que les aprietan los pies —y tienen los pies pequeños. Por supuesto, tienen ojos bonitos — cuando no son bizcos. Tienen el pelo graso y normalmente hay que cortárselo. Escupen mucho. Siempre se están rascando».

Los fotógrafos de México, Brasil, Venezuela o Cuba siguen haciendo fotos de parejas apasionadas, de dandis masculinos. Walker Evans, en su portafolio cubano de los años treinta, incluía a varios varones impecablemente vestidos. Lo que llama la atención del artículo de *Esquire* es su retrato de Cuba como la tierra del amante latino prototípico.

«Este es el típico cubano para ti. Así son cuando parecen cubanos. La mayoría de los cubanos no parecen cubanos. Parecen alemanes, italianos, suecos, polacos y oficinistas de Yonkers. Me hace sangrar el corazón pensar en los barcos llenos de mujeres esperanzadas que bajan allí cada año en cruceros, confiando en encontrar una nación de Césares Romeros».

Mucho antes de Barthes y la semiótica, el *latin lover* era un signo definido por *Esquire* en la paradoja: «La mayoría de los cubanos no parecen cubanos».

El Sur era la tierra de la música, la comida caliente y la pasión. El Norte era la tierra del trabajo duro y las restricciones puritanas. La imagen del *latin lover* se desvaneció tras la permisividad de los años sesenta. Pero aún perdura como signo y puede verse en los anuncios de Georges Marciano.

Los códigos sobreviven a sus lugares de nacimiento y a sus vidas. Los amantes, la pasión de una sociedad menos acomodada y sus instintos, siguen siendo temas para los ojos de los fotógrafos: la pasión a pesar de la edad (como en la pareja bailando de Marucha), y la cruda belleza de los pueblos primitivos (Roberto Fontana). En el objetivo de los fotógrafos latinos hay amor, pasión, instinto, naturaleza.

Las parejas, como la otra cara de la moneda, sólo se civilizan con el matrimonio. Y el matrimonio —que puede convertirse en algo extravagante y ridículo— también forma parte del signo. El matrimonio santifica el instinto y, por tanto, debe revestirse del artificio de la cultura.

Los fotógrafos latinoamericanos son muy diferentes de sus imágenes. Por regla general, son más blancos que sus obras. Por blanco me refiero tanto al tinte de su piel como a la coloración de su mente, atrapada entre la conciencia social dominante en la vida cultural latinoamericana y la conciencia de la crítica técnica y artística occidental. Los fotógrafos latinoamericanos suelen pertenecer a la burguesía, están orientados hacia Occidente y comprometidos políticamente por la presión del entorno. Si los fotografiásemos, su ropa y su entorno no pertenecerían a ninguna de las categorías registradas en su obra: buscan fuera de sí mismos para expresar una postura.

Las posibles excepciones son los fotógrafos argentinos, más volcados hacia el interior, centrados en la psicología —la neurosis o incluso la locura— o en las rarezas de su propia clase. La ciudad es más fuerte que la pampa: quieren afirmar su imagen urbana, no india, no rural de sí mismos. Se sienten europeos trasplantados, como los canadienses y los yanquis, a pesar de su dependencia económica y su historia de regímenes militares. Prefieren ser occidentales periféricos que latinoamericanos centrales.

En general, los fotógrafos latinos comparten un contenido político y una intención didáctica. Comparten un enfoque moral que, en gran medida, está condicionado por su existencia fuera del mercado. Existen fuera de la corriente dominante del fotoperiodismo, la cobertura informativa, la publicidad, los libros de sobremesa y los informes anuales. El hecho es que la mayoría de los periódicos y revistas internacionales obtienen sus fotos de los servicios internacionales de noticias y sus anuncios de los centros metropolitanos. Lo que queda es la cobertura informativa local, que se limita sobre todo a fotos policiales y acontecimientos políticos, o a encargos corporativos esporádicos. Por eso, los fotógrafos latinos son animales hambrientos. Trabajan en un ambiente cultural más elitista, que valora la exploración del significado y la verdad; anhelan galerías o la posibilidad de triunfar en el extranjero, de ser descubiertos en Europa o Estados Unidos. El mercado interior es limitado. El apoyo y los ingresos de subsistencia a la fotografía provenientes de los poderes fácticos son discutibles, comparados con los de los pintores y escritores que viven del presupuesto nacional. Sólo a partir de 1978, con el coloquio de fotografía *Hecho en Latinoamérica* celebrado en México, los fotógrafos asumieron una presencia regional.

Hay una frontalidad en la mayoría de sus fotografías, un mundo estático, pasivo, compuesto dentro del encuadre que, en el mejor de los casos, es riguroso y, en el peor, rígido. La mayoría de las imágenes parecen incluir al fotógrafo, carecen de cualquier elemento de sorpresa; apenas hay un «momento decisivo». Por tanto, la mayoría de las fotos están más cerca de Strand que de Lrank. Esto va al corazón de una forma latina básica de ver el mundo. Para nosotros, el mundo es más una plaza que un centro comercial. Vivimos en una plaza. Es un espacio para reunirse, para ver y ser visto, para intercambiar gestos y palabras. No es, como en el enfoque anglosajón dominante de los lugares públicos, un espacio para comer, patinar o comprar. Pasee por cualquier ciudad estadounidense donde la presencia latina sea fuerte y puede estar seguro de que allí donde vea un grupo reunido en la esquina de una calle, ante un edificio o alrededor de un banco en medio del tráfico de Broadway, estarán hablando español (si no son negros, porque los negros también viven en la plaza).

El espacio de la plaza es igualmente dominante en la fotografía latinoamericana, y significa que no se dispara oblicuamente, que se deja ver, incluir, aceptar. El fotógrafo forma parte del grupo, con una presencia mirada, sentida como ausencia, en la imagen.

Fotógrafos como el peruano Roberto Lantozzi de Perú han optado por trabajar dentro de una coherencia temática más texturizada y pictórica que periodística o sociológica. Las imágenes de Lantozzi muestran telas, solas o habitadas, pero siempre desgastadas, maltratadas, desperdiciadas y aún vivas. Constituyen una fuerte declaración sobre lo que falta. Estos jirones, estas telas colgantes, nos hablan de la abundancia que falta en la ropa, en la alta costura, en los ríos de materiales que se consumen y se desechan antes de alcanzar la calidez desperdiciada de las imágenes de Lantozzi.

Estación 3: Religión. La religión toma dos caminos en América Latina: el peso opresivo de la cruz católica y la liberación instintiva de las prácticas sincretistas africanas o aborígenes. La religión no es ética protestante, sino poderes católicos inquisitoriales; no es un ritual social dominical sino una apelación diaria al chamanismo. Este imaginario de la vida y la muerte religiosa latinoamericana aparece como una fuerza contraria a la ilustración.

La religión en Latinoamérica, independientemente de los signos que interfieren constantemente en el descubrimiento visual, se ha convertido a finales de los setenta en una fuerza revolucionaria. La teología de la liberación, a pesar de un Papa polaco conservador, ha crecido hasta el punto de que la revolución nicaragüense podría fácilmente etiquetarse de marxista-cristiana en lugar de marxista-leninista. Esta es una estación del Vía Crucis que seguirá creciendo.

Estación 4: Penetración de Estados Unidos. Los fotógrafos con mentalidad social han incluido en sus portafolios la presencia de Estados Unidos a través de la penetración económica. Siempre está el contraste entre Coca-Cola y la identidad nacional, o Pepsi saciando la insaciable sed de justicia del amerindio.

Estación 5: Naturaleza. En las películas de Luis Buñuel, los animales siempre representan la pasión y el instinto, ciegos a la razón. El burro y el loro, el perro callejero y el ave de traspatio han enriquecido el signo fotográfico. Los animales vinculan a Latinoamérica con la tierra y con una existencia más primitiva, descodificada como positiva, como mito de lo natural; o negativa, signo de nuestro subdesarrollo. Si el coche es un emblema de la sociedad urbana, el burro y el perro callejero son signos de la sociedad rural dominante, abundantemente retratada en la fotografía latinoamericana.

Aunque el crecimiento urbanístico es un hecho creciente en la región, no es un tema fotográfico decisivo. La urbanización se ve a menudo como la nueva fuerza opresora que actúa sobre los campesinos que se agolpan en las ciudades en busca de empleo. La urbanización de Brasil, México, Venezuela o Colombia se ignora o se fotografía con desconfianza. Los signos de la vida rural, aunque ligados al subdesarrollo, se retratan a menudo como declaraciones positivas de autenticidad. Siempre hay una vena conservadora en el arte que mira al pasado cuando está en peligro o a punto de desaparecer, y el nuestro no es una excepción. *Cien años de soledad*, la novela de Gabriel García Márquez, mira más hacia el pasado que hacia el presente o el futuro. Es conservadora en su esfuerzo por preservar. En un mundo cambiante, estos artistas podrían estar produciendo obras reaccionarias como una realidad deseable, cual un misterio mágico. Esta ambigüedad recorre también la mayor parte de la fotografía latinoamericana.

Estación 6: Niños. Una última categoría, el signo del futuro en el Vía Crucis latinoamericano: los niños. Presencia abrumadora en la fotografía latinoamericana, así como en la demografía de la región, los niños desbordan las calles, las plazas. Son la inocencia y el futuro. No son los frutos del matrimonio, sino los frutos de la tierra, de la pasión y de la concupiscencia.

Los niños son un signo poderoso porque, en medio de la agonía, de los cambios de la región, representan un futuro desconocido, un futuro que parece siempre en peligro. Demasiado jóvenes para trabajar, aún no están en la escuela ni en casa como lo estarían los niños del desarrollo. Este es uno de los testimonios más auténticos, sorprendentes y ambiguos de la fotografía latinoamericana.

Comprender estos seis signos del Vía Crucis latinoamericano, la falla que separa el Norte y el Sur, parece hacer más evidentes y agudas las contradicciones, ya que parecemos girar en direcciones opuestas a lo largo del eje del continente. Todos pertenecemos a la familia del hombre (y de la mujer), pero vivimos de forma diferente. Concebimos el desarrollo social por caminos distintos, hacemos el amor bajo impulsos diferentes. La religión es relativa en la América anglosajona, pero en la latina es una búsqueda de lo absoluto. Los niños crecen en ambos bandos, pero sus futuros son radicalmente distintos.

Estamos destinados a chocar y/o coexistir. Si la división original entre anglos y latinos se remonta al siglo XVI, el abismo actual no es entre España e Inglaterra. El Sur no ha sido capaz de desarrollarse económicamente tras la transferencia de tecnología y las fuertes inversiones; además, a los latinos parece picarles el gusanillo del socialismo radical si se les deja solos. Puede que la situación no sea explosiva, pero el desencuentro parece crecer. Ya no se sueña con la integración continental y la interdependencia, sino sólo con una limitada expectativa de coexistencia.

Escribo esto con la esperanza de que no nos perdamos los unos a los otros mientras viajamos. Estamos condenados a habitar el mismo hemisferio. Puede que entendamos la forma en que el Sur hace ruido y el Norte actúa en silencio, pero la diferencia radica en cómo armonizamos nuestra humanidad común.

Evans en la noche de la fotografía[1]

Walker Evans: La Habana 1933, ensayo de Gilles Mora, prólogo de John T. Hill. Publicado por *Pantheon Books,* Nueva York, y *Contrejour,* París, 1989 (35,00 $).

Por muy poderosa o sutil que sea una foto, siempre hay algo ausente, que falta. Si se trata de un documento potente, el referente siempre está flotando por debajo o por encima; si es una sutil declaración de belleza, uno parece deslizarse por su superficie, incapaz de aferrarse a la naturaleza porosa de la experiencia estética.

Walker Evans: Havana 1933, de Gilles Mora, rescatada de la sombra de los negativos perdidos, es a la vez poderosa y sutil, es a la vez poderosa y sutil, pero se percibe el fantasma, los cuerpos ausentes, al deslizarse por la superficie abierta de setenta imágenes redescubiertas.

Evans llegó a La Habana en mayo de 1933 con dos cámaras, un trípode, ligeros trajes de verano de algodón y lino, un sombrero panamá de plumas, sin experiencia ni conocimientos previos de Cuba. Pero sus ojos tenían experiencia y conocimientos que su mente ignoraba. En dos semanas recorriendo las calles y los barrios de la ciudad y los pueblos cercanos, vio, arrancó y rescató una visión coherente de La Habana que nadie antes había registrado, y mucho menos creado. Sólo una carpeta de treinta y una fotografías sirvió

---

1 Revista *Aperture* nº 120. New York, Late Summer 1990, pp. 75-76.

para ilustrar *El crimen de Cuba*, el análisis radical y retórico de Carleton Beals sobre la época del dictador Machado en Cuba. El ensayo de Beals ha quedado en el olvido, pero las fotos de Evans siguen palpitando con la luz física de la ausencia.

Siguen latiendo —las fotos publicadas entonces y las redescubiertas ahora— porque la inteligencia de los ojos de Evans captó un laberinto urbano sin necesidad de explicar nada, sin ser pornográfico ni didáctico. Evans, bajo la influencia de James Joyce, creía en la virtud del desapego. Sus imágenes registran la concreción del mundo con una indiferencia y una implicación que no volveremos a encontrar hasta veinte años después, con la visión de América de Robert Frank.

En *El crimen de Cuba*, rodeadas del discurso didáctico de Beals, las fotos de Evans se veían como una prolongación de la acusación política contra una dictadura latinoamericana. Ahora, en un libro por sí solas, las fotos cubanas de Walker Evans tienen una fría objetividad, un distanciamiento amistoso, una visión que sigue siendo una metáfora válida para muchos países del Tercer Mundo en este final de siglo. Ninguna dramatización teatral del subdesarrollo, como los libros de sobremesa de Sebastião Salgado sobre Brasil, puede competir con la cruel calidez de la visión de Evans.

Sin embargo, algo falta en estas fotos. Uno siempre sabe que las fotos son fantasmas: representan algo que se ha ido. O bien, cuando intentan alcanzar la densidad textural de la pintura, parecen plásticas, no porosas. Creo que la fotografía no ha logrado la legitimidad, la amplia aceptación del arte tradicional. Mientras que el cine, a pesar de su arraigo en lo físico y lo material, ha conseguido ser plenamente aceptado como arte, como artificio, como sueño, la fotografía sigue contaminada por el referente, sigue mojada por la corriente de la llamada realidad física y social. Después de que Susan Sontag y Roland Barthes introdujeran la fotografía en el ámbito de un discurso intelectual riguroso, parecía que las fotos ocuparían un espacio igual al de la pintura y la escultura, pero esto aún no ha sucedido. Incluso *Photography Until Now*, la reciente exposición del Museo de Arte Moderno, era un documento, un registro visual, una sombra más que una sustancia. Quizá la fotografía sea siempre más un puente que un destino. Y ahí reside su poder y su especificidad: su capacidad para vender tanto la realidad, en los medios impresos, como los sueños, en libros, galerías y museos.

En *Walker Evans: La Habana 1933*, las calles, los edificios, la gente de la capital cubana rondan y acechan estas imágenes. Por otra parte, el estilo, la forma en que Evans vio el lugar y, al hacerlo, lo rescató de la disolución del tiempo, serán siempre testimonio de un lenguaje visual tan humano como la palabra escrita.

Hace treinta años, cuando descubrí estas fotos en una librería de segunda mano del centro de La Habana —donde yo había nacido tres años antes de la visita de Evans—, sentí que había redescubierto mi adolescencia. La ciudad no empezó a cambiar drásticamente hasta después de la Segunda Guerra Mundial: las calles, el Parque Central, la gente de las fotos de Evans no eran diferentes de los que yo descubrí cuando salía del recinto de mi casa, del patio que la rodeaba, y empezaba a descubrir el misterio, los peligros y los placeres de una ciudad cosmopolita caribeña que se pudría y crecía bajo el sol.

Ahora no sólo el tiempo y los estragos de la edad, sino también la Revolución de 1959, me separan, nos separan, de estas fotos. Años luz parecen situar estas fotos, en la noche que la fotografía tiñe de luz.

No era arte, era ante todo memoria; no era la interpretación de un pintor, era la selección de un fotógrafo, arrancando la realidad. Los adoquines, la fachada desconchada y desmoronada de los edificios, las manos extendidas de los mendigos, la superficie de los bancos del parque, los cuerpos de las mujeres, los ojos de las putas eran recordados por mi propio cuerpo; mis pies, mis miembros, por mi piel recordados.

Recuerdo cómo un trozo de mi infancia volvió a mí cuando John T. Hill me enseñó las fotos con la esperanza de que pudiera identificar dónde y qué ocurría en ellas, y descubrí un tren —no un tranvía, sino un tren— que había cogido con mi tía Julia para ir a la playa después de haber estado enfermo de tosferina. Incluso recordé cómo había que dar la vuelta a los asientos de mimbre al final del pasillo.

Moviéndome a través de estas fotos, recorriendo una y otra vez las calles de La Habana, descubrí el catalizador proustiano de las imágenes. A diferencia de la pintura o la literatura, reconocer un diseño en el suelo de baldosas, o en la esquina de una calle en una foto, libera una cascada de recuerdos. En la página 43 de ese libro, mis ojos pasaron de la mujer de blanco al suelo de baldosas, donde los motivos geométricos y florales desataron una cadena de evocaciones: el suave y frío alivio de caminar descalzo por el trópico, después de levantarme de la cama; la voz aguda y frágil de mi madre; el sonido de los cubiertos que caían y las canicas que rebotaban; el orinal bajo mi cama; las cucarachas voladoras; el barro y los cuerpos desnudos. Volvió a ocurrir en la página 49: Casi podía sentir las frías tijeras del barbero y la monstruosa tristeza de los mechones de pelo esparcidos por el suelo de baldosas. Quizá la música y cierto olor puedan hacer lo mismo, pero nunca otras formas de arte visual.

La belleza formal, el impacto estético de la fotografía parece residir en su quietud congelada, en su arbitrario corte y desgarro de las percepciones aceptadas de la realidad. Una foto nos detiene precisamente porque la realidad fluye, nunca se detiene. Existe el encanto de los fantasmas, la fascinación de la mortalidad en las fotos. Y las fotos de Walker Evans que captaron la banalidad de La Habana en el verano de 1933, nos han obligado a contemplar con una mirada conmovedora e indiferente la pobreza, el flujo de la existencia cotidiana.

Paul Strand, vivo o muerto[1]

¿Qué significa ser un clásico? Se lo preguntaron una vez al poeta español Juan Ramón Jiménez, ganador del premio Nobel de literatura. Él respondió: « Ser un clásico es estar vivo».

Ser un clásico, por tanto, es algo más que tener un nicho entre los inmortales. Ya sabemos que Paul Strand tiene un lugar ahí junto a Alfred Stieglitz, Edward Weston, Henri Cartier-Bresson y otros dos o tres nombres cuya preponderancia todavía se discute. Pero hay dos tipos de clásicos, los del Panteón y los del Monte Olimpo. Los del Panteón son inmortales. Los del Monte Olimpo son fuerzas que todavía influyen en nuestras vidas. Cada generación debe responder a la cuestión de si sus clásicos están vivos o muertos. Esto que sigue es un intento de descubrir si las cenizas de platino de Strand, esas imágenes en blanco y negro, ocultan un ave fénix.

En los años 90, para empezar, uno debe cuestionar el sentido de buscar un clásico de manera desesperada. En nuestra época, la propia noción de un clásico, junto con su imagen especular, el genio, está en entredicho. ¿Cuántas veces hemos oído que alguien está intentando escribir *la gran novela americana* o preguntarse quién es el Albert Einstein de la década? Para muchos, es evidente que estamos hacien-

---

1   Stange, Maren. *Paul Strand: Essays on His Life and Work. Aperture.* New York, 1990, pp. 249-256.

do la pregunta equivocada. En el mejor de los casos, la vida de una persona es como «un pobre actor que se pavonea y agita durante su hora sobre el escenario, y luego no se le oye más»; más recientemente, la idea de Shakespeare ha sido reformulada en términos de los quince minutos de fama de Warhol. No se trata de la importancia histórica de Strand, sino de su significado para nosotros y su poder generador.

Hoy, al acercarnos al fin del siglo xx, podemos decir que Paul Strand es un viejo maestro. Tenía una visión muy profunda, casi religiosa, en su ansia de una nueva realidad. Todo en sus imágenes es rico y centrado en el espacio, cada imagen parece situarse en el centro del planeta, ya sea en Nueva Inglaterra, México, Egipto o Ghana. «Concebimos el realismo como algo dinámico». Strand lo declaraba en términos mesiánicos, «como una verdad capaz de ver y entender un mundo cambiante, y a su vez, es capaz de transformarlo, en interés de la paz, la humanidad, el progreso humano y la erradicación de la miseria y la crueldad, y con miras a la unidad de todos los pueblos». Y «¿cuál es el papel del fotógrafo-artista?», se lo preguntaba con el dominio absoluto de los profetas. «El artista es alguien que hace una afirmación concentrada sobre el mundo en el que vive. Y esa afirmación tiende a volverse impersonal; tiende a ser universal y duradera porque proviene de algo profundamente particular».

El mochuelo de la sabiduría, como dijo Hegel, solo levanta el vuelo al atardecer. En las postrimerías del siglo, podemos apreciar con claridad los descubrimientos de los artistas revolucionarios nacidos en sus albores: James Joyce, Pablo Picasso, Igor Stravinsky, Virginia Woolf, Pablo Neruda, Sergei Eisenstein e incluso Albert Einstein. Todos buscaban cambiar el mundo, capturar la realidad, enriquecer nuestras vidas y ofrecernos una nueva certeza.

Paul Strand encaja plenamente en esa *Weltanschauung*, y su grandeza reside tanto en lo que intentó como en lo que logró. Hoy somos más escépticos y menos ambiciosos. Aceptamos un papel más modesto, tal vez degradado. Podríamos abarcar más, pero abarcamos menos.

Paul Strand tenía una visión generosa. Sus ojos veían a cada persona como única y, sin embargo, intercambiable. Sus retratos mostraban tanto respeto como densidad material. El intenso campesino francés de Gondeville y la mujer concentrada en Larteh, en Ghana, son particulares, pero iguales. Existe, dado el carácter escultórico de sus hombres y mujeres, algo que va más allá de la unidad ligeramente frívola encontrada en *Family of Man* de Edward Steichen. Los retratos de Strand no solo son iguales en lo social, sino que son iguales en lo humano: en derechos y posibilidades.

Consideremos cómo las personas enfrentan el mundo en las fotografías familiares de Strand. Permanecen mirando eternamente desde las puertas de sus hogares. Dos familias, una de Italia y otra de Ghana, se revelan con una gravedad e intensidad casi idénticas. El retrato italiano es de Luzzara, tomado en los años cincuenta, y los ghaneses posaron para Strand en los años sesenta. Ambas familias, al parecer rurales, nos miran con ese poder ambiguo entre la preocupación y la indiferencia. Las vestimentas africanas son ricas en textura, drapeado y diseño; las europeas, en cambio, están desgastadas, arrugadas y maltratadas. Las mujeres, en ambos casos, custodian la entrada. La madre italiana viste de negro, y la sombra del interior envuelve su melena plateada; la madre africana sostiene a su hijo contra la cadera. Hay seis italianos y siete ghaneses. Si uno se inclinara a generalizar, la principal diferencia sería que, al no tener hijos, la familia italiana enfrenta un futuro limitado, mientras que la africana, con dos hijos, tiene un proyecto de futuro en marcha. Ambas familias son tercas, resistentes. Iguales.

El *otro*, lo no humano —ya sea una máquina, una cerca desgastada por el clima o una roca— también aparece bañado por cierta universalidad; las cosas no son baratas ni caras, viejas ni nuevas, grandes ni pequeñas: son absolutas. Y se relacionan solo con el observador; nos interpelan con la realidad de la naturaleza.

Incluso la naturaleza se convierte en un tema, en algo individual, en un retrato. La naturaleza, los objetos, las casas, las hojas, las esculturas y las ruedas se convierten en conocidos íntimos –estás relacionado con lo otro y debes comprender su presencia. Una refinería de petróleo en Ghana, una rueda de cable, el mascarón de proa de un barco en Nueva Inglaterra, un muro con jeroglíficos en Egipto, un helecho en la mañana temprana de Maine, una roca, las manos de Rebecca o las plantas del jardín que Strand veía desde su puerta, son retratos de fuerte individualidad.

Para Strand, todo es un arquetipo, la manifestación física de un alma universal. Lo que salva la distancia entre el mundo orgánico y el inorgánico es el hambre física de Strand. «Sus mejores fotografías», como descubrió John Berger, «están llenas de una cantidad inusual de sustancia por pulgada cuadrada». Esa densidad da vida a lo inanimado.

Las imágenes existen en una eternidad obstinada, inmóvil. Tanto la humanidad como la naturaleza —en una dualidad que está en la raíz del arte y los valores occidentales— son arrancadas del tiempo por Strand. Su obra radica en una intensa proximidad, casi en las antípodas del mundo flotante del arte oriental. La unidad de todas las cosas, de la humanidad y la naturaleza, que domina la percepción oriental, flota como nubes o espuma por encima de las imágenes terrenales de Strand.

Sin embargo, existe un ideal. La sustancia, la fisicidad de Strand, te sobrecoge, pero no es un accidente, ni una percepción pasiva; más bien, es la búsqueda deliberada de un ideal. A finales de la década de 1920, mientras Strand intentaba fotografiar la naturaleza, desde telarañas hasta árboles, encontraba que el viento era un elemento perturbador. Estaba utilizando exposiciones largas de hasta dos minutos. Aquí, Strand perseguía la solidez, la densidad física ideal. «¿Volvía siempre esa planta en crecimiento exactamente a la misma posición en que estaba antes de que el viento la golpeara?», se preguntaba Strand mientras intenta detener la exposición, cuando el viento estaba soplando, y empezar de nuevo cuando se calmaba. «Descubrí que no había absolutamente ningún movimiento en las fotografías siempre que esperara a que la planta en crecimiento, el arbusto, el árbol o lo que fuera, dejara de moverse. Uno podía abrir y cerrar el obturador *ad infinitum* y seguir teniendo una imagen nítida». En esta revelación de su método, de la eternidad, Strand muestra una cercanía extraordinaria con el más grande maestro de la presencia profunda, densa y poderosa del mundo físico. Paul Cézanne también buscaba esa gravedad que haría que sus pinturas perduraran. Es a esta tradición de los grandes pintores a la que Strand pertenece plenamente.

No era un fotógrafo del instante fugaz; no quería pintar el aire, como Corot, ni la luz cambiante, como los impresionistas. Quería la realidad, los objetos ante su cámara, construyéndose por sí mismos, dirigiéndose a nosotros de la manera más concentrada posible. «Los paisajes de Cézanne son los más grandes de todos», escribió Strand, «porque no solo está unificado cada elemento en la imagen, sino que también hay una unidad en la profundidad; existe este tremendo espacio tridimensional que también forma parte de la unidad del espacio de la pintura». Ambos, Cézanne y Strand, buscaban una «unidad en la profundidad».

El movimiento le es ajeno a Strand y, con el movimiento, el tiempo. La luz no expresa temporalidad, sino que esculpe formas en estructuras sólidas. «Es un tinte», decía Strand sobre el color, con poco interés en la cantidad de información que pudiera transmitir o en el grado de irrealidad o fantasía que el color pudiera expresar. «No tiene cuerpo ni textura ni densidad, como sí lo tiene la pintura. Hasta ahora, no hace nada más que añadir un elemento incontrolable a un medio que ya de por sí es bastante difícil de controlar». Textura, densidad y control –tres fundamentos en la obra de Paul Strand, el viejo maestro.

Strand contemplaba las cosas de la naturaleza y a las personas en la sociedad como un campo unificado. La justicia social era central en su producción visual. Aunque vivía conscientemente guiado por un sentido de justicia social, se pueden ver sus principios plasmados en una imagen poética muy poderosa: el «buen salvaje». En Italia y en Estados Unidos, se centró en campesinos, obreros y marginados sociales. En el Tercer Mundo, donde las diferencias de clase tienen una utilidad dudosa, sus mexicanos, egipcios y africanos negros surgieron como buenos salvajes. Strand jamás habría fotografiado el equivalente de *Blind Woman* (*Mujer Ciega*) en el llamado mundo subdesarrollado, donde el romanticismo se unía a la conciencia social.

En la lucha entre el buen salvaje y el caníbal sin alma, Strand se alinea con Rousseau, quien veía a las sociedades comunistas patriarcales como ideales. «El estado alcanzado por la mayoría de las naciones salvajes que conocemos» era visto por Rousseau como «el mejor estado del hombre». Y «el ejemplo de los salvajes… parece aportar más evidencia de que este estado es la verdadera juventud del mundo; y que todos los avances posteriores han sido pasos, en apariencia, hacia la perfección del individuo, pero en realidad hacia la decrepitud de la especie».

En sus libros sobre Egipto y Ghana, Strand presenta una imagen idealizada del cambio. Dado que todas las personas son iguales y tienen las mismas posibilidades, la única diferencia entre Occidente y el Tercer Mundo es el grado de desarrollo técnico. La igualdad parece ser cuestión de máquinas –como si la industrialización fuera simplemente un proceso mecánico. En Egipto, el proceso es un *deus ex machina*; de repente, en las últimas veinticinco páginas de *Living Egypt*, vemos una transformación del paisaje antiguo. Port Said está lleno de petroleros y barcos descargando desarrollo, máquinas y mercancías. La presa de Asuán es la nueva pirámide, una obra monumental de ingeniería en beneficio del pueblo del Nilo. Hay una acería en Helwan, un taller en El Cairo, la central hidroeléctrica en construcción: progreso indoloro gracias a la revolución de Nasser. Este es un libro de los años 50, que muestra todos los procesos de un nuevo orden y una nueva justicia internacional. Los trabajadores egipcios están tan idealizados como las figuras frontales de un bajorrelieve antiguo. Una década después, Strand se trasladó a trabajar en su libro sobre Ghana. Nuevamente, las páginas finales están impregnadas de un sentido de poderoso o deslumbrante cambio industrial. Es la visión socialista del futuro de la industria pesada y la ingeniería cambiando el curso de los ríos, trayendo abundancia y felicidad. La refinería de petróleo que Strand fotografió en Tema, Ghana, brilla como la joya del progreso.

La deificación de la maquinaria atraviesa toda la obra de Strand. Estos artefactos creados por el hombre aparecen casi como retratos de divinidades —misteriosos y cargados de promesas. También comparten la misma densidad con la que el fotógrafo dotaba a las personas, las casas, los árboles y las rocas. En 1922, quedó fascinado por una nueva cámara Akeley que había comprado. «Ojalá pudieras haber visto la cámara», escribió a Alfred Stieglitz. «Es realmente una pieza de artesanía, diferente a cualquier cosa que fabrique nuestro amigo George Eastman». Sus fotografías de la cámara Akeley son primeros planos realizados con respeto y curiosidad que nos ponen en contacto íntimo con una nueva fuente de producción y belleza.

Strand rechazaba, como estadounidense, la excesiva confianza en las máquinas que encontraba en otros artistas. «No estamos… simpatizando precisamente con la actitud un tanto histérica de los futuristas hacia la máquina. En América no estamos luchando, como podría ser algo natural en Italia, por alejarnos de los tentáculos de una tradición medieval… El nuevo Dios debe humanizarse a menos que a su vez nos deshumanice».

Strand creía que estaba humanizando la máquina al mostrarla al servicio de la humanidad. Pero su mirada nunca fue crítica. Muy poco cambió desde su temprana rueda de cable o sus máquinas perforadoras de 1923 hasta la construcción de la presa de Asuán en 1959, la refinería de petróleo de Ghana en 1963, o la presa de las Puertas de Hierro en Rumanía en 1967. Las máquinas crecen en tamaño e importancia, y parecen estar en buenas manos para beneficiar a los trabajadores y a las víctimas del colonialismo.

En los últimos veinte años, el movimiento democrático tanto en el campo socialista como en el Tercer Mundo ha situado a la máquina y a la industria pesada bajo una perspectiva diferente. La fe en el progreso, la industrialización y el socialismo han sufrido una severa derrota, y el movimiento ecológico ha introducido nuevas preocupaciones y prioridades. Nos resulta fácil, desde la perspectiva de los años

90, leer la ideología de Strand y evaluar las bajas. La justicia social, uno de sus sueños más preciados, no ha venido del socialismo ni de la máquina. La firme fe de Strand en el individuo sigue siendo nuestra mejor esperanza.

Muchos, sin embargo, han pasado del noble salvaje al caníbal sin alma. El miedo, la desilusión y la codicia han ocupado el lugar de la justicia social y el bienestar material. La gente parece haber pasado —y muchas fotografías de los últimos veinte años documentan este cambio— de Rousseau a John Locke. Locke, en su defensa de la propiedad y el logro individual, creía que «al principio, todo el mundo era América». «América» entendida como la América nativa, salvaje. Locke veía el canibalismo peruano como un ejemplo de hasta dónde puede llevar al hombre la «mente ocupada, empujándolo a una brutalidad por debajo del nivel de las bestias cuando abandona su razón». Imágenes recientes de terrorismo contribuyen a la noción de crueldad en el Tercer Mundo, al igual que las representaciones de revoluciones radicales como violencia y destrucción innecesarias.

La imagen de la humanidad de Strand es, en todo caso, un poderoso antídoto contra la creciente tendencia a descuidar los problemas del mundo menos desarrollado y a creer que nada puede hacerse para rescatar una visión unificada de una humanidad. Nadie puede mirar los retratos de campesinos mexicanos, mujeres egipcias, pescadores de Nueva Inglaterra, aldeanos italianos o trabajadores ghaneses de Strand y tener alguna duda de que la única manera de afrontar nuestros problemas planetarios es ver a la humanidad como un campo denso, singular y, sin embargo, unificado.

Paul Strand sigue vivo y presente a través de sus retratos vivientes.

Cuba en revolución[1]

Ver las fotografías de un mundo convulso en el que una vez estuviste profundamente inmerso —cincuenta años después— es un descubrimiento revelador. Es como contemplar la imagen de un rostro inolvidable de una historia de amor desastrosa. El significado del «instante decisivo» cambia con el tiempo. El contexto desde el que se observa es el significado. Esa fue, para mí, la epifanía de ver *Cuba en Revolución*, comisariada por Brian Wallis y Mark Sanders, en el Centro Internacional de Fotografía de Nueva York, a principios de este año.

La principal sorpresa fue descubrir que el poder unificador de las imágenes se basaba en la adopción de un cliché: rebeldes románticos, masas adoradoras, líderes paternalistas, el sufrimiento redentor de los condenados de la tierra, una inocente campesina sosteniendo una muñeca de madera en sus brazos, Fidel Castro sonriendo sobre un tanque rugiente. Toda la revolución palpitante y encarnada estaba allí.

El mito más duradero: las fotografías del martirio del Che Guevara: sus humildes pies, su cuerpo postrado, recreando la muerte de Cristo. Estas imágenes han creado uno de los iconos más potentes del siglo pasado: un héroe impo-

---

1 Texto para la exposición del International Center of Photography, New York, September 24, 2010-January 9, 2011

sible, un hombre de guerra y de paz, un solitario, fortalecido por su belleza física.

Las imágenes de un país en revolución crearon una verdad visual, una realidad indiscutible. Estos hombres y mujeres estaban creando un mundo nuevo. No era arte, era la cosa en sí. Y, sin embargo, la fotografía puede mentir de manera tan convincente como la literatura o la pintura. El ángulo, el contenido seleccionado, el contexto supuesto. La exposición consolidó un mundo unidimensional.

Otro acierto de la muestra fue el sonido ambiental, que te envolvía en el presente absoluto, aislándote del bullicio de la ciudad con noticieros sobre la lucha, proclamas de redención y libertad, multitudes comprometidas con la *Patria o muerte*. El sonido te aísla del pasado y del futuro. Noté en los rostros la expresión de suspendida incredulidad de los espectadores asombrados.

Cuba in Revolution dio vida a toda una década de mi propio compromiso. Durante veinte años creí y participé en ese sueño trágico —abrazando y trabajando por esa fantasía de carne y hueso. Y aunque no me arrepiento de mi implicación, hoy, medio siglo después, siento la necesidad de perforar esa apariencia de redención social, de ver tanto el sueño como la pesadilla. Pienso en una imagen particularmente emblemática de Lee Lockwood (que no se mostró en el ICP): tres obreros cubanos levantan una valla publicitaria con la imponente imagen del *máximo líder*—pero no se puede saber si están sosteniendo a Fidel o si él está a punto de aplastarlos. Una imagen de la exposición sí logró arrancarme una sonrisa irónica: el *San Valentín de 1963* de Henri Cartier-Bresson —una mujer con un fusil sentada frente a un escaparate.

El contexto es fundamental en la lectura de las imágenes. La revolución cubana creó un sueño de rebeldía y justicia social y una realidad de escasez y represión. Se convirtió en David frente al poder abrumador de Goliat. El sueño que nació y se encarnó durante la década que abarca la exposición llevó al mundo al borde de una guerra nuclear y ha esparcido por el planeta a más de un millón de cubanos y cubanas.

Hay dos palabras que pueden describir la experiencia cubana de los últimos cincuenta años: intensidad y agonía. La revolución trajo una enorme intensidad a nuestras vidas, algo que salta a la vista en toda la muestra del ICP; no se trata de éxito o fracaso, de tener razón o estar equivocado. Y agonía —en el sentido griego de *lucha*— porque no ha habido un solo momento en que la revolución no se haya sentido amenazada, desde la invasión de Bahía de Cochinos hasta el colapso del imperio soviético.

Una exposición puede revelar mucho a partir de lo que no muestra. Ninguna de las mujeres que lideraron la lucha contra Fulgencio Batista fue retratada aquí, como Haydée Santamaría y Celia Sánchez. Tampoco se percibía la euforia de la música de la época. Durante los primeros días del fervor revolucionario, la gente solía marchar a todas las manifestaciones bailando rumba y conga, coreando consignas revolucionarias. Con el tiempo, la dirección desaconsejó esta práctica: celebrar alegremente la revolución con bailes se consideraba indigno, una evasión del ideal de «autosacrificio por la tierra prometida». La música era y es una autoexpresión existencial para el pueblo; el gobierno quería posponer la satisfacción para impulsar el socialismo. No es casualidad que ni Castro ni el Che bailaran (se rumorea que ni siquiera eran capaces de entonar una melodía). Una vez le dije a Haydée Santamaría que Celia Cruz y Cachao López (ambos exiliados) eran tan centrales para la cultura y la identidad cubanas como los líderes revolucionarios Castro, Camilo

Cienfuegos o su propio hermano Abel. Creo profundamente que Cuba necesita aceptar el sueño de la justicia social, así como la realidad plena del son, el danzón y el mambo. La única música que apareció en esta muestra, curiosamente, fueron fotografías de adolescentes tocando música rock prohibida, incluida una imagen de 1965 de Lockwood, en la que los Beatles son presentados como ejemplo de la decadencia imperialista.

La exposición también abordó el énfasis que la revolución puso en la guerra de guerrillas y el antiimperialismo global. En lugar de desarrollar una isla relativamente próspera, los comandantes creyeron en la idea de expandirse por la fuerza de las armas al resto del continente, e incluso abrazaron la rebelión en toda África y Asia. Durante unos años, Cuba se consideró una potencia mundial, pero en lugar de expandir una sociedad modélica en justicia social, decidieron gastar miles de millones en apoyar la guerra de guerrillas en todo el mundo. En lugar de construir una sociedad socialista en la isla, invirtieron en sueños globales a expensas del bienestar de la isla. Muchos miles de cubanos murieron en la liberación de Angola; nuestra nación insular fue descuidada en nombre de la solidaridad internacional.

Al observar las imágenes presentadas en esta exposición, uno ve el mundo simplista de una revolución que mira hacia adelante y se olvida de mirar hacia atrás. Pero no existe una tabla rasa para la humanidad. Cuba tuvo esclavitud y colonialismo, creó música extraordinaria y ha sufrido durante mucho tiempo una dictadura represiva. No creo en un cambio de régimen; eso crearía más caos, una división social intensa y hombres y mujeres que lucharían solo por sí mismos. El partido gobernante debe olvidar la voluntad nietzscheana de poder y, en cambio, abrir y regular la codicia de la economía de mercado, dar libertad de expresión y de movimiento a las mujeres y los hombres cubanos. Creo en la continuidad, en construir sobre la experiencia histórica de la isla. Es una «modesta proposición» (con el permiso de Jonathan Swift) —una propuesta de la que no me beneficiaré, puesto que ya pasé la edad de ocupar un cargo público o tener hijos.

Las fotografías ofrecen más que momentos decisivos. No están solas, se suman, se restan y cambian con el tiempo. Son metáforas de nuestras vidas. Es la ilusión del color cuando miramos las flores y la espina cruel cuando las sostenemos en nuestras manos. Incluso una fotografía estática puede cambiar en un abrir y cerrar de ojos.

Cosas e imágenes: Un ensayo[1]

Todos estamos desnudos. Nacimos sin un solo trapo encima. Nos rodeamos de cosas e imágenes para vestirnos e intentar significar algo.

No puedo evitar intentar descubrir lo real y, sin embargo, sólo alcanzo a cubrir mi carne.

La superficie es un cuerpo resbaladizo, el contenido y el sentido marcan mi existencia. Siempre estoy clavando mi fugaz contacto con el mundo en capas de significado. Recuperando la vida y clavando la muerte.

Mi primer amor y deseo fue la Virgen María, mi madre tenía la imagen sobre su cama. Ansiaba estar bajo sus pies o, al menos, estaba dispuesto a aceptar el sufrimiento con tal de no ser clavado en la cruz. Y sus pies estaban desnudos, pisando la serpiente, el dedo índice más largo que los demás.

Nací en La Habana y viví en las calles españolas, pero hablaba inglés en casa con mi madre. Me conmovieron los polos opuestos: la absoluta certeza de Don Quijote y, sin embargo, las dudas de Hamlet.

Fidel Castro me atrapó y me enriqueció con un sueño imposible. Esta foto muestra las dos tensiones de la empresa quijotesca: no se sabe si el pueblo cubano está sosteniendo a Fidel o si Castro lo está aplastando. Después descubrí que

1 Revista Chiricú Journal, Vol. 1, No. 1, Latina/o Cinema (Fall 2016) Indiana University Press, pp. 106-123.

el tango y Carlos Gardel sobrevivirán al Che Guevara, que el ritmo del mambo creado por Cachao sobrevivirá a los hermanos Castro. La música es la grandeza existencial del pueblo cubano. Viviremos siempre en el presente.

Martí me ayudó a creer en el sueño imposible de la revolución, pero su pasión por las mujeres y su poesía están en mis entrañas. Visito su tumba cuando visito su monumento. Es el único monumento ecuestre donde el héroe no está dominando el caballo sino cayendo, desplomándose. Murió la primera vez que entró en combate. Martí quiso demostrar que no era sólo un hombre de palabras sino un hombre de acción. Sin embargo, las palabras son una forma de acción. Incluso las mías, aunque puedan ser inútiles.

Una máquina de escribir es una máquina de escribir es una máquina de escribir.

Coloqué en el frasco de revelado dos rosas, la una mirándome a mí, la otra mirándose a sí misma. El eterno femenino es la mitad de mí mismo. De nuevo, siempre queriendo significar algo, necesitaba exhibir mi lado masculino: el empedrado con la semilla náufraga de un melocotón.

La hoz y el martillo del comunismo, de mi compromiso con la revolución cubana, se convirtieron en una hoz que cercenó mi mano individual de escritor, y el martillo derribó la rosa roja. Mi sangre es tinta negra.

Descubrí que la modelo de Whistler para *Sinfonía en blanco* también fue el desnudo horizontal de Courbet *Mujer con loro*. Joanna Hiffernan era modesta, pura e inocente para Whistler, y horizontal y madura para Courbet. La ostentación de una carne sensual y el poder interior de una cintura contenida. Los opuestos pueden ser ambos verdaderos porque son reales. La realidad con dos caras.

Estúpidamente busqué sentido en la religión y la política. La religión me dejó en las nubes y la política enriqueció mi compromiso bizco con la revolución cubana. Me dejó, una vez más, solo.

El arte ha sido lo más cercano que he tenido para ayudarme a abrazar mi deliciosa ambigüedad. Así que tomé la estrella de la boina del Che Guevara y la coloqué completamente sobre el tocado del viejo Rembrandt.

Conocí a Felicia Rosshandler cuando era adolescente en Cuba. Hitler la había arrojado a mis brazos. Bailamos en La Habana y tuve una erección mientras bailábamos mejilla con mejilla. Ella fue mi primera novia. En 1948 se fue de la isla. Décadas después, en 1980, cuando deserté, volvimos a encontrarnos en Nueva York. Estuvimos juntos al amanecer y de nuevo juntos al ponerse el sol.

El cuello es la zona más atractiva del cuerpo de una mujer, libre de la nuez que me ahoga y profundiza mi voz.

La carne de plástico de Barbie es tan real como el mármol clásico. Carne americana. Sí, ¿y dónde estoy yo?

Antes de escribir intenté ser pintor, pero tener que estirar lienzos y extender colores aceitosos con un pincel y el olor a trementina era demasiado engorroso; escribir era igual de complejo pero más limpio.

Los collages son mi *violon d'Ingres*, mi desafío a las mil palabras. Y no tengo que manejar tantas cosas; el tamaño de cada collage nunca es mayor que una página de revista.

Hay recuerdos críticos de Cuba, reacciones a mi nuevo país, recreaciones del 11 de septiembre y cómo veo acercarse la muerte: yo soy el esqueleto y las mujeres son la eterna realidad.

Estamos solos, estamos todos solos. Sólo hay un Dios, siguen diciendo, y está solo. Uno y único.

A pesar de todos mis intentos, de toda la basura que muestro en mi estudio, de todas las palabras que utilizo para disfrazar el vacío que nos hace posibles, estamos desnudos.

Las palabras pueden explicarlo todo, pero las palabras no tienen nada que ver con la realidad.

Borges reveló que el significado del universo está escrito en las manchas ininteligibles del jaguar. A los 84, todos mis años y todos mis días me han dejado con la belleza transitoria de lo efímero, el enorme placer de lo abollado y lo agrietado. El significado es la mortalidad.

Sé que quizás no lo hagas, pero por favor borra todo lo que he exhibido y dicho.

¿Por qué lo hice entonces?